Max Weber

mit Selbstzeugnissen
und Bilddokumenten
dargestellt von
Hans Norbert Fügen

rororo bildmonographien

Rowohlt

Dieser Band wurde eigens für «rowohlts monographien» geschrieben
Den Anhang besorgte der Autor
Die Mehrzahl der Fotos wurde für diesen Band von Leif Geiges aufgenommen.
Herausgeber: Beate Kusenberg und Klaus Schröter
Assistenz: Erika Ahlers
Umschlagentwurf: Werner Rebhuhn
Vorderseite: Max Weber in der Freiburger Zeit, 1894–97
Rückseite: Das Heidelberger Haus, Ziegelhäuser Landstraße 17
Beide Fotos Leif Geiges

Veröffentlicht im Rowohlt Taschenbuch Verlag GmbH,
Reinbek bei Hamburg, Juli 1985

Satz Times (Linotron 202)
Gesamtherstellung Clausen & Bosse, Leck
Printed in Germany
980-ISBN 3 499 50216 X

Inhalt

Um 1917/18

Ein Mitglied der bürgerlichen Klassen

Max Weber wurde 1864 geboren und starb 1920. Seine Lebenszeit deckt sich fast aufs Jahr mit einer wichtigen Epoche der deutschen Geschichte: dem zweiten deutschen Kaiserreich. Die Probleme dieser Zeit sind die Inhalte seiner persönlichen Erfahrung und seines politischen Denkens: die staatliche Organisation und Führung Deutschlands, die Verzahnung speziell preußischer und allgemein deutscher Probleme, Deutschlands Rolle im Kräftespiel der europäischen Nationen, die Folgen des Ersten Weltkriegs. Ebenso sind Webers wissenschaftliche Absichten hauptsächlich darauf gerichtet, die politischen und sozialen Verhältnisse seiner Zeit so zu durchdringen, daß es ihm und anderen möglich wäre, sie in ihrer geschichtlichen Eigenart und in ihren welthistorischen Zusammenhängen zu erkennen, ihren Sinn zu beurteilen und handelnd auf sie einzuwirken.

Für die Verbreitung der allgemein verbindlichen Wertvorstellungen und für das Entstehen persönlicher Handlungsbereitschaften sorgte während des Kaiserreichs neben den kirchlichen Einrichtungen, neben den Schulen, den bürgerlichen Vereinen und dem Militär vor allem die Familie. Der Familie blieb trotz der Einengungen durch andere Institutionen eine relative Autonomie erhalten. Gerade die bürgerliche Familie war durch die Besonderheiten, die sie im Laufe des 19. Jahrhunderts herausbildete, zu einer von der allgemeinen politischen und moralischen Haltung abweichenden Lebensweise fähig. Zwar bewährte sich auch hier der Vater oft als Vermittler jener Mächte, deren Gewaltsamkeit er außerhalb des Hauses erfuhr, und er trug dadurch nicht selten eine gewisse Fremdheit in die durch die Mutter gefühlvoll intensivierten Beziehungen zu den Kindern. Jedoch nahm er wegen der vom Haus getrennten Berufsarbeit weniger an der Erziehung teil, als das in den traditionellen Familienformen der Fall war. Viel war gewonnen, wenn er sich zeitweilig der besonderen Gestimmtheit – *dieser Verinnerlichung des «Alltagslebens»*, wie es Weber einmal nannte[1]* – anschloß. Die Mutter war die einzige Quelle einer ständig anrufbaren Zuneigung. Innerhalb der vier Wände eine Art gute Fee, trat sie gewöhnlich in einer der sozialen Stellung des Mannes angemessenen Rolle vor die Außenwelt: als Repräsentantin von Harmonie und Wohlstand.

Diese Familienkonstellation war in Max Webers Kindheit und Jugend-

* Die hochgestellten Ziffern verweisen auf die Anmerkungen S. 124f.

Blick von der Fallenstein-Weberschen Villa aufs Heidelberger Schloß (nach einem Gemälde; von rechts: Georg Friedrich Fallenstein, Georg Gottfried Gervinus, Emilie Fallenstein, geb. Souchay)

zeit typisch für das Bildungsbürgertum. Aber auch diese Typik ließ noch viele Varianten des Zusammenlebens zu. Es wäre mehr verloren als gewonnen, wollte man, der tiefenpsychologischen Weber-Biographik[2] einfach folgend, nur eine Möglichkeit, den Vater-Sohn-Konflikt, als bestimmend ansehen. Doch kann soviel einstweilen gesagt werden: daß auch Weber seine politisch-soziale Umwelt mit den Augen gesehen hat, deren Sehschärfe von familiären Umständen reguliert worden ist, und daß die Anstrengungen, mit denen er auf diese Umwelt reagierte und einwirkte, die stärksten Impulse aus der Familienerfahrung empfangen haben.

Ich bin ein Mitglied der bürgerlichen Klassen, fühle mich als solches und bin erzogen in ihren Anschauungen und Idealen.[3] Welche Erlebnisse und Erfahrungen mag Max Weber im Sinn gehabt haben, als er mit diesem Satz an seine Herkunft erinnerte? Gewiß meinte er nicht nur die Eindrücke des Haushalts, in dem er mit Eltern und Geschwistern lebte. Der Erfahrungsschatz, mit dem Weber zeit seines Lebens umging, kommt von weiter her, und so muß das weitere Feld berücksichtigt werden. Im allgemeinen hatte die bürgerliche Familie um die Jahrhundertwende noch starke Bindungen über die Hausgemeinschaft hinaus zur Verwandtschaft.

Webers Bindungen waren nach der Seite der mütterlichen Herkunft stärker. Sie liefen, direkt oder indirekt, immer über Heidelberg. Dort besaß der Vater der Mutter am Neckar, nicht weit oberhalb der Alten Brücke, ein stattliches Haus, in dem die Enkelkinder oft die Schulferien verbrachten[4] und von dem auf Max Weber eine fast magische Anziehungskraft ausging. Der Großvater, Georg Friedrich Fallenstein, war 1790 als Sohn eines Seminardirektors geboren; doch hatte der Urgroßvater seine Stellung bald wegen Trunksucht eingebüßt und ist schließlich in der Nähe von Bremen verschollen. Georg Friedrich Fallenstein, der am längsten beim Vater lebte, ist zuerst durch den Herzog von Meiningen finanziell gefördert worden. Es soll sich später ein Studium angeschlossen haben, von dem Georg Gottfried Gervinus, der Freund und spätere Biograph Fallensteins, sagt: «Weder wo, noch wann, noch was er studierte, ist aus den hinterbliebenen Papieren mit Genauigkeit zu erkennen ...»[5]

Mit zwanzig Jahren heiratete Fallenstein eine Sechzehnjährige. Eine Hauslehrerstelle gab er bald auf, weil er sich nicht als «bürgerliche Canaille» behandeln lassen wollte.[6] 1813 ließ er sich von der Lützowschen Freischar anwerben. Wie alle Veteranen machte auch er sich Hoffnung auf eine bevorzugte Anstellung. Aber gerade die Lützower waren in Regierungskreisen wenig gelittene Leute; man mochte ihre von Friedrich Ludwig Jahn geprägte barsche und fordernde Redeweise nicht.[7] Bei Fallenstein waren zudem die Lebensdaten lückenhaft oder nicht stimmig. Der wohlgesonnene Freund Gervinus sagt es deutlich genug: «Unter den Papieren findet sich ein Lebensabriß, den Fallenstein 1814 auf eine Anforderung (an den preußischen Staatskanzler) Hardenberg eingab ... nicht alle Angaben darin sind streng genommen den tatsächlichen Verhältnissen gemäß.»[8] 1815 zog er wiederum in den Krieg. Im November nahm er die ihm schon früher widerwärtige Stellung eines Calculators in Potsdam wieder ein. Ein Jahr später wurde er als Regierungssekretär nach Düsseldorf versetzt. Mehrfach sind in den Jahren danach Beförderungsanträge verworfen worden, ehe Fallenstein endlich 1832 als Regierungsrat nach Koblenz kam.

Ein Jahr vorher war seine Frau gestorben, mit der er sechs Kinder hatte. Mit den vier Söhnen scheint er besonders hart umgesprungen zu sein. Drei wanderten nach Übersee aus. Offenbar schob er unwirsch den Disziplinierungsdruck an sie weiter, dem er sich hatte beugen müssen. Der Aufstieg zu einer sicheren Position innerhalb des sich konsolidierenden Bürgertums über die Beamtenleiter hatte oft Deformationen zur Folge. Fallensteins Schicksal gibt hier ein markantes, aber kein atypisches Beispiel ab. Anders als bei adliger Abkunft, universitärer Ausbildung oder überkommenen Gewerbechancen blieben Leuten seines vorbürgerlichen Standes nur die zum «Charakter» verinnerlichten Eigenschaften als Vehikel des Aufstiegs. Diese aus eigener Erfahrung resultierende Kenntnis hat Fallenstein in einem Brief von 1835 an einen seiner Söhne unerbittlich weitergegeben: «Dein Vater hat bisher bei so mancher Unart ... doch Freude an Dir gehabt ... Lege ... Unhöflichkeit und Heftigkeit,

Großmutter Emilie Fallenstein, geb. Souchay, um 1860

Rechthaberei usw. ... ab ... Mittelmäßigkeit ist in allen Dingen vom Übel ... Bewahre Deine Zunge, aber handle stets wie bei offenen Türen und Fenstern; wessen Du Dich schämen mußt vor den Menschen, das ist zugleich eine Sünde vor Gott ... bedenke, daß ich Dich lieber tot wissen will, als daß man Dich einen Schelmen und Feigen schelte ... Die Frauen ehre in Gedanken und Werken, um Deiner Mutter willen und um Dich gegen die Sünde zu sichern ... Ich habe Dir, da Du Fallenstein heißest, einen ehrlichen Namen anvertraut, lasse keinen Flecken darauf kommen, man soll ihn auch durch Dich achten – und Gott gebe, nie schelten, oder schimpfen. Dafür sorge und lebe – oder sterbe!»[9]

Vier Jahre nach dem Tod der ersten Frau heiratete Fallenstein zum zweitenmal. Emilia (gen. Emilie) Souchay, fünfzehn Jahre jünger als er, stammte aus einem Patrizierhaus hugenottischer Abkunft.[10] Ihr Vater war ein reicher Tuchgroßhändler, Bürger und Schöffe der Stadt Frankfurt; der Großvater war dort französisch-reformierter Hofprediger gewesen. Der Urgroßvater, die Wurzel des deutschen Stammes, kam 1714 nach Hanau; seit 1722 war er selbständiger Gold- und Silberwarenfabrikant.[11]

Emilie Souchay brachte dreierlei Erbschaft ein: ein beträchtliches Vermögen, eine französisch reformierte Variante calvinistischer Religiosi-

Großvater Fallenstein (nach einem Gemälde)

tät damit eng verbunden oder bereits verselbständigt eine Verzagtheit und Bewährungsangst, die in den Nachkommen fortlebte. Aus der Ehe gingen vier Töchter hervor – ein Sohn starb im Deutsch-Französischen Krieg zweiundzwanzigjährig –, die der Großmutter 37 Enkel bescherten.

Bereits in Koblenz fiel Fallenstein durch einen Stimmungsumschwung ins Trübselige, Pessimistische auf, eine Hypochondrie, die «das Stadium der Schwarzseherei erreicht» [12]. Daran änderte sich nichts durch Beförderung ins Finanzministerium nach Berlin, zu der es 1842 kam. Körperliches Mißbehagen und asthmatische Beschwerden nahmen zu, er fürchtete, «er ginge an Gemüth und Körper zu Grunde» [13]. Er beantragte Entlassung und wurde 1845 aus dem Amt verabschiedet. Um die Mitte der vierziger Jahre des Jahrhunderts ließ er sich in Heidelberg nieder und konnte, dank des Souchayschen Erbes, das stattliche Haus an der Ziegelhäuser Landstraße bauen. Als Ratgeber, auch mit eigenen Beiträgen beteiligte er sich an einer von Georg Gottfried Gervinus redigierten liberalen Tageszeitung. Mit Gervinus verband ihn eine so herzliche Freundschaft, daß er ihn bald in sein Haus aufnahm. Söhne und Töchter erzog Fallenstein mit großer Härte. Eine biedere Rechtschaffenheit verband er mit dem, was er selbst das «Hahnbuchene» in seiner Natur nannte: grobianische Derbheit und herrische Rechthaberei.[14]

Die als auffallend klein und zart, schüchtern und weltfremd geschilderte Emilie Souchay hatte diesem strengen Gatten nur tiefe und stille Religiosität entgegenzusetzen.[15] Über ihre früheste Zeit schreibt sie in ihren «Lebenserinnerungen»[16]: «Die größten ... Leiden meiner Kindheit und ersten Jugend sind aus meiner Konstitution hervorgegangen ... eine unbeschreibliche Zaghaftigkeit lag mir in den Gliedern und beklemmte mir oft das Gemüt.» Sie war schon dreißig, als sie auf das Werben Fallensteins antwortete: «Bis jetzt ist mein Leben von außen her ein sehr glückliches gewesen ... Auch fühlte ich ... kein Verlangen, aus meinen Verhältnissen herauszutreten ... da ich zu erkennen glaubte, daß mein Charakter nicht geeignet sei um zu beglücken ... Die Mutter hat mir versprochen, Sie von allen meinen Fehlern und Schwächen zu unterrichten ... sobald ich es deutlich als den Willen Gottes erkenne, so werde ich mit freudigem Mut aus dem mir lieben Kreise heraustreten.» Und dann die Ehe: «Der schwerste Kampf meines Lebens ... liegt hinter mir. Es war die Unmöglichkeit, mich meinem seligen Mann verständlich zu machen ... Seine große Überschätzung einerseits, die ihm dann aber wieder als eine Art Widersetzlichkeit das erscheinen ließ, was in meiner individuellen Organisation begründet ist und mir unmöglich machte, im Leben das Ideal zu erreichen, das ich im Herzen trug – hierfür war ihm alles Verständnis verschlossen ... daß er das nicht fassen konnte, was mir eigentlich die Grundlage des Christentums zu sein schien, das war mir schwer ... Seine Art mich abzuweisen hatte Etwas, das mich reizte und mich am rechten Aussprechen verhinderte ...» Eine gewisse Toleranz war ihm, so scheint es, nicht fremd: «Zwar das fühlte ich immer, daß er viel wärmer sei als Gervinus und daher auch weitblickender, und er war ... ganz damit einverstanden, daß ich zur Kirche ging und ließ sich gern den Inhalt der Predigt erzählen, ohne mich, wie G. seine Frau, dann mit kaltem Wasser zu übergießen.»

Nach dem Tod Fallensteins 1853 gewann der Nennonkel Gervinus großen Einfluß auf die Kinder, am meisten auf die dritte Tochter Helene. Der mehr durch ihr Vorbild als durch dogmatisierendes Belehren wirksamen christlichen Religiosität der Mutter stellte er einen aufklärerischen Humanismus entgegen. Einerseits empfand Helene Dankbarkeit, weil er ihr die Welt der Antike sichtbar machte: «Unsere Homerstunden fielen mir wieder ein und wie wir ... jahrelang ... unsere Ideale in einer Athena, einem Apollon verkörpert gesehen, und mir wurde ... klar, daß das ... das ... beste war, was Gervinus uns gegeben ...» Andererseits klagte sie seinen ernüchternden Rationalismus an: «Aber mir ist alles genommen worden durch die Stunden des Onkels, der alles durch den Verstand erklären wollte und mich immer darauf hinwies, mit dem Verstande mir meine Religion zu machen; aber mit dem Verstande findet man keinen Glauben ...»[17] Hinzu kam eine heftige Leidenschaft des Fünfundfünfzigjährigen, die das Mädchen sehr bedrängte. Max Weber urteilte über dieses Geschehnis in einem Brief, der an sämtliche Geschwister ging: *Mama hatte mit ihm das furchtbare Erlebnis, daß er sich in plötzlicher Gier an ihr zu vergreifen suchte. Das wurde für Mamas ganzes späteres Empfinden gegenüber dem sinnlichen Leben bestimmend.*[18]

1860 besuchte die sechzehnjährige Helene Fallenstein ihre älteste Schwester Ida in Berlin, die seit fünf Jahren mit dem Wissenschaftler und späteren Geschichtsprofessor Hermann Baumgarten verheiratet war. Dabei lernte sie den Juristen Max Weber kennen. Ihre Bereitschaft, sich schnell in ein heimliches Verlöbnis einzulassen, wird auch von den drückenden Heidelberger Verhältnissen beeinflußt worden sein. Ein Brief zeigt das große Einfühlungsvermögen des jungen Mannes in die vielschichtige Situation: «Für mich ist es eine Wohltat möglichst viel von Dir über Dein Verhältnis zu Gervinus zu hören. Ich sehne mich wahrhaft danach, alles mit Dir gemeinsam tragen zu können ... Ich müßte ja freilich kein Verständnis für die innigsten nächsten Beziehungen zwischen Menschen haben ... wenn mir die Zerreißung eines so schönen Verhältnisses nicht ... leid täte für die ganze Familie ... und vor allem für G. ... als den Mann ... auf den ich stets mit Stolz als auf einen der ersten Männer unseres Vaterlandes geblickt habe.»[19]

Der vierundzwanzigjährige Dr. Max Weber war in der Berliner Stadtverwaltung tätig und Finanz- und Verwaltungsprobleme blieben zeitlebens seine politische Domäne. Er muß schon damals mit der großen Politik in Berührung gekommen sein. Denn er redigierte in seiner frühen Berliner Zeit das «Preußische Wochenblatt», die Zeitung einer liberalkonservativen Gruppe, von der bedeutende Vertreter im Kabinett der dem Liberalismus günstigen «Neuen Ära» Platz gefunden hatten. Später wurde Weber der Vorsitzende eines Zentralwahlkomitees.[20] In der Zeit des Verfassungskonflikts rückte er, vielleicht unter dem Einfluß seines Freundes Hermann Baumgarten, auf den linken liberalen Flügel. Von seiner Komitee-Arbeit berichtete er stolz seiner Braut: «Ich komme fast mit allen Bezirken des Staates in Berührung und trete in nahe Beziehung zu einer Reihe der angesehensten und tüchtigsten politischen Kapazitäten im ganzen Lande.»[21]

Max Weber sen. stammte aus Bielefeld, damals noch eine Kleinstadt. Sein Vater hat dort als Leinwandhändler ein Honoratiorenleben geführt. Vorkapitalistisch-gemächlich betrieben, ließ der Handel mit der in Heimindustrie erzeugten Ware einen offenbar ansehnlichen Handelsgewinn zu. Doch bekam schon diese Generation den Umbruch durch die maschinelle Produktion zu spüren: im Alter waren die Eltern von Weber sen. zu beträchtlichen Einschränkungen ihres patrizischen Lebensstils gezwungen worden. Der älteste Bruder von Max Weber sen., der im Gewerbe des Vaters blieb, Karl (David) Weber, sollte es später wieder zu Wohlstand bringen, indem er die kleinstädtisch-gemütliche Handelsbürgerlichkeit gegen eine gewinnträchtige Verlegerexistenz tauschte. In Oerlinghausen bei Lemgo wurde er ein im Umgang mit den armen Bauern zwischen Distanz und Leutseligkeit schwankender Unternehmer.[22]

Das Vorrecht des Erstgeborenen

Am 23. Juni 1863 heirateten Max Weber und Helene Fallenstein. In den ersten Ehejahren lebten sie in Erfurt, wo Weber eine Anstellung beim Magistrat der Stadt gefunden hatte. Die Frau ging mit hehren Idealen und hohen Erwartungen in die Ehe, die sich zunächst zu erfüllen schienen: «... keine [der Schwestern] kann in allem so ganz ein Herz und eine Seele sein mit ihrem Liebsten, wie ich es kann ...»[23] Doch schon bald fühlte sie sich vereinsamt, vor allem in religiöser Hinsicht: «... alle die Theologen bei Euch und in Heidelberg sind eine wahre Erquickung gegen die hiesigen ...» Gern unterstellte sie sich in der Korrespondenz der geistigen Führung ihrer älteren Schwester Ida Baumgarten, die jetzt in Karlsruhe lebte, wo ihr Mann Geschichtsprofessor war. Von ihr ließ sie sich zur Erbauung vornehmlich amerikanisch-unitarische Schriften empfehlen, unter denen die von William Ellery Channing eine nachhaltige Wirkung ausübten. Bald wurde sie von Erweckungshoffnungen erfüllt: «Es muß erst noch für diese Zeit ein gewaltiger Mann kommen, um die Träumenden zu erwecken ...» und sie glaubte, Theodore Parker, einer der von ihr bevorzugten Schriftsteller, «... könnte wohl in demselben Verhältnis zu ihm stehen wie Johannes der Täufer, ihm den Weg bahnend». Ebenso stellten sich aber auch jene Selbstzweifel und Bewährungsängste ein, wie wir sie von ihrer Mutter kennen und die wie dort erste Distanzen zum Ehemann anzeigten: «Manchmal ... meine ich ... einen kleinen Fortschritt gemacht zu haben, und dann kommen ... Tage, wo man sieht, wie ... alles beim Alten bleibt. – Max darf ich von solchen Stimmungen aber nichts sagen, er ... findet es ... ganz unnötig, solche Gedanken zu haben ...»

Am 21. April 1864 kam das erste Kind zur Welt: Karl Emil Maximilian getauft, und – wie der Vater – Max gerufen. Der Junge machte von Anfang an der Mutter große Sorgen. Im Alter von vier Jahren wurde er von einer Meningitis befallen, die lange Jahre Kopfdruck und Krämpfe nach sich zog. Ein großer Schädel machte Angst vor Wasserkopfbildung «mit der Gefahr der Verblödung oder des Todes»[24]. Der geduldigen Pflege der Mutter – fünf bis sieben Jahre lang – folgte nur zögernd die Besserung: «Seine nervösen Sonderbarkeiten und Ängstlichkeiten nehmen allmählich etwas ab ...»[25] Die Mutter trug ihm die Kronprinzenrolle an und er übernahm sie. Fast ein halbes Jahrhundert später schrieb er im Geburtstagsbrief an die Mutter: ... *damals, wo ich immer den Stich der Madonna Sistina (damals das «Prunkbild» in der kleinen Wohnung) für Dich ansah*

Die Eltern: Max Weber sen. und seine Frau Helene, geb. Fallenstein

und in charakteristischer Unbescheidenheit, mich als das Jesuskind auf Deinen Armen und die ... Geschwister als die Engel ...[26] Er selbst wird erzählt haben, was später seine Frau berichtet: «... daß er ... tief von dem Vorrecht der ‹Erstgeburt› durchdrungen war ...»[27] Nicht weniger wird es seinen Bruder Alfred beeindruckt haben, der ihm 1868 folgte, und der es im hohen Mannesalter in einem Aufsatz festhielt: «Wie es nicht gleichgültig ist, ob jemand ein Erstgeborener oder Zweitgeborener ist – fürs ganze Leben nicht und für das, was er aus sich zu machen hat.»[28]

Der Vater ging 1869 als besoldeter Stadtrat nach Berlin zurück; ein folgenreicher Schritt für die ganze Familie: *Wie es wohl geworden wäre, wenn man immer in dem alten Nest geblieben wäre? Denn sehr viel von all den Problemen und all dem Schweren, was nachher gekommen ist, war doch die Folge der Verpflanzung in die Berliner Atmosphäre.* Gerade *das Entfremdende der Großstadtatmosphäre* beklagte Max Weber sehr, *die doch auf das Verhältnis der Kinder, mindestens der Söhne zu den Eltern stark zurückwirkte, wenn die Kinder, wie wir es fast Alle waren, nervöse, leicht beeinflußbare und zur Verschlossenheit neigende Jungen sind.*[29] Der Entfremdung suchte er Herr zu werden, indem er Listen über die weitere Charlottenburger Nachbarschaft anlegte.[30] Alfred Weber berichtet aus dieser Zeit von Angstzuständen und daß der Umgang mit «den derben Sprösslingen der Charlottenburger ‹Hausagrarier›», dem er nicht gewachsen war, keine glückliche Erinnerung hinterlassen habe. 1872 wurde die erste Berliner Wohnung am Schöneberger Ufer gegen eine eigene Villa in Charlottenburg vertauscht.[31]

Der ganze Lebenszuschnitt änderte sich gewaltig. Max Weber sen. war nicht nur beruflich, als Dezernent für das Bauwesen, sondern auch über ein Landtagsmandat (seit 1868) und über einen Sitz im Reichstag (1872–84) mit der Politik verbunden. Er hatte sich nun zu den Nationalliberalen geschlagen und noch blühte die «liberale Ära». Die Nationalliberalen waren in den drei Reichstagswahlen der siebziger Jahre mit wenig unter 30 Prozent aller Stimmen unangefochtene Mehrheitsfraktion.[32] Noch standen sie fest an der Seite Bismarcks und unterstützten ihn innenpolitisch, vor allem im Kulturkampf, uneingeschränkt. Im Hause Weber ver-

Die Mutter mit Max und Alfred, 1869

Familie Weber in Berlin, 1887

kehrten viele Angehörige der Führungselite dieser Partei: der politische Publizist Friedrich Kapp, der Literarhistoriker Julian Schmidt als besonders naher Freund, Heinrich Rickert der Ältere, Rudolf von Bennigsen, der führende Kopf der Nationalliberalen und von 1873 bis 1879 Präsident des Preußischen Abgeordnetenhauses. Max Weber schätzte in den beiden ersten Angehörige einer Klasse, die er pries als ... *diese versunkene und vergessene Generation des Bürgertums, deren Geschichte nie geschrieben werden wird* ... sie *trug auch eine Gesinnung ins Haus, die ein Gegengewicht bildete, gegen das Entfremdende* ...[33] Bis in Webers Kindheitsbriefe drang der Jargon der politischen Gäste, deren Gesprächen er zuhören durfte, ein: *Die Puppe, welche Du ... geschickt hast, hat Arthur annektiert und auch trotz des nachdrücklichsten Protestes von seiten Klara's gegen jeden Angriff unter lautem Geheul von seiten beider Fraktionen behauptet ... sie sah das Vergebliche ihrer Absicht ein, und so wird die Puppe wohl durch das Recht der Verjährung auf Arthur übergehen.*[34]

Andererseits war Max Weber sen. wenig im Hause, wenn ihn nicht gerade Repräsentationsempfänge festhielten. Die Mutter war inzwischen eingeklemmt zwischen diesen Öffentlichkeitspflichten und der Hausarbeit. Als das sechste der Kinder gerade geboren war, 1875, schilderte sie in einem Brief die Hektik des Tageslaufs, die Abwesenheit des Mannes, die Frustration des Immergleichen und wer trotz allem das A und O ihrer Sorge war: «Um sechs Uhr wird also aufgestanden ... nach 7 Uhr gefrühstückt, nachdem [der kleine] Max geübt hat. Nachdem er dann mit Frühstück versehen zur Schule befördert ist, und auch die Butterbrote für die andern und meinen großen Max gestrichen, die Lampen gemacht, die Lebensmittel herausgegeben sind, ist's ... 9 Uhr geworden. Dann stecke ich die Kleine, die sich bei mir um 6 Uhr noch eine Mahlzeit geholt hat, in ihr Bad. Dann ist gewöhnlich der Vater Max bei seinem Frühstück ... Ich trinke dann noch eine Tasse mit, gucke geschwind in die Zeitung ... und suche noch ein kleines Schwätzchen mit Max zu halten, den ich in dieser sitzungsreichen Zeit ja sonst gar nicht zu sehen bekomme ... Um 12 Uhr wird die Kleine gefüttert, und auch die Jungens bekommen eine Abschlagszahlung auf unser spätes Mittagessen um 3 oder 4 Uhr ... Vater Max aber kommt meist viel später, wo ich dann nach Kräften noch etwas für ihn zurecht braue. Um 7 Uhr Abendessen der Kinder. Bis Max [jun.] auch im Bett und unser Abendessen beendet, ist es 9 Uhr geworden ... Und so vergeht der Tag, und ich frage mich dann: Was hast Du zustande gebracht außer für's liebe Essen und Trinken gesorgt und die Kleine gewartet?»[35]

Max Weber schaffte das Schulpensum leicht – im Gegensatz zu seinem Bruder Alfred. Treffend sagte er von sich: *Ich bin intellektuell früh, in allem Übrigen aber sehr spät reif geworden.*[36] Weit über die Pflichtkenntnisse hinaus hortete er Schulwissen und bot es als Tauschgabe an; zum Beispiel dem Vetter August Hausrath in Heidelberg: ... *ich denke ... darüber nach, was ich dem August wohl als Gegengeschenk für seine schönen Schmetterlinge schicken könnte ... könnte ich ihm vielleicht ein paar vollständige Stammbäume, z. B. der Merowinger oder der Karolinger oder der Hohenstaufen oder der Hohenzollern oder der Habsburger machen.* Diesen Stoff suchte er sich zusammen aus historischen Karten, *alten Stammbäumen, Territorialgeschichten und Reallexiken ...*[37]

Als Schüler las er vieles und berichtete darüber ausführlich in Briefen vor allem an seinen um acht Jahre älteren Vetter Fritz Baumgarten, doch las er nicht wahllos. Um das dreizehnte Lebensjahr interessierten ihn die Philosophen Schopenhauer, Spinoza, Kant; Goethe schmökerte er ausführlich während des Unterrichts unter der Bank. Dann bildeten bis zu seinem fünfzehnten Lebensjahr vor allem historische Schriftsteller und darunter besonders die antiken Klassiker den Lesestoff: Homer, Herodot, Vergil, Livius, Cicero, Sallust. Sie regten ihn an, sich den historischen Stoff in längeren Abhandlungen zu ordnen, die sich mit dem Verhältnis zwischen *Kaiser und Papst*, mit der *Zeit des Kaiser Konstantin*, schließlich mit der *Völkergeschichte* im allgemeinen befassen: ... *die Völker können die einmal begonnene Bahn ebensowenig vollständig verlassen wie die Himmelskörper; vorausgesetzt, daß nicht äußere Störungen eintreten, durch welche auch die Bahnen der Sterne modifiziert werden.*[38] Von Gedichten, sowohl von lyrischen als von balladesken oder von modisch-vaterländischen, nahm er wenig Notiz, es sei denn als Zwangslektüre. Sozusagen moderne, also ihm noch zeitgenössische Romanschriftsteller las er vor allem dann, wenn sie politisch in der liberalen Tradition standen: Gustav Freytags «Die Ahnen» und Victor von Scheffels «Treuer

Rudolf von Bennigsen

Max Weber sen., um 1890

Die Brüder Alfred und Max, um 1870

Ekkehardt». Manchmal las oder lernte er nur zum Zeitvertreib: *Und wenn wirklich einmal die «längliche Weile» uns beschleichen sollte ... ich weiß, was ich tue, ich greife zum äußersten Mittel und lerne Herrn von Varnbühlers Zolltarif auswendig.*[39] Was auch immer das Motiv des Lesens gewesen sein mag: ... *ich schwärme nicht, ich dichte nicht* – wiederum im Gegensatz zum Bruder Alfred – *was soll ich also anfangen als lesen, und das besorge ich denn auch gründlich.*[40] Gründlich lesen hieß auch, daß er tat, *was ich ... überhaupt gern tue, nebenbei während des Lesens viele sprachliche Exzerpte zu machen*[41]. Dann bricht aber doch das kaum erwartete Lyrische überschwenglich auf, macht hinter dem forschen, manchmal altklugen Urteil über Gelesenes einen melancholischen Zug sichtbar: *Ich habe Wielands Gedicht «Über die Natur der Dinge» ... absol-*

viert ... Glücklicherweise ist diese Zwangslektüre aber nicht meine einzige, sondern ich habe doch wenigstens einiges außerdem gelesen ... Dahin gehören ... mehrere Gedichte von Ossian und zwar seine schönsten, die ich noch nicht gelesen hatte ... er gehört in Bezug auf Sprache und Poesie zu dem schönsten, was es geben kann ... ein «Memento mori» wie:

Hinter dir steht dämmernd der Tod
Gleichwie die finstere Hälfte des Mondes
Hinter seinem wachsenden Licht

werde ich nicht leicht vergessen.[42]

Mutter und Vater hatten nur bescheidene, den bürgerlichen Standard nicht überschreitende literarische Ansprüche; so konnte sich der Lesehunger des Sohnes nicht an den Beständen des Familienbücherschrankes sättigen, sondern mußte sich nach anderen Vorräten umsehen: ... *ich habe mir Onkel Julian Schmidts Bücher angesehen und einen Blick in Herders Cid geworfen* – schrieb der Zwölfjährige an seine Mutter – *jetzt bin ich dabei, den Principe des Machiavelli zu lesen, den mir Herr Dr. Brendicke geborgt hat. Später will er mir auch den Antimachiavell borgen. Auch in Luthers Werke habe ich einen Blick geworfen.*[43]

Es zeigt sich, daß Max Weber früh einen selbstverständlichen Umgang mit Erwachsenen zu unterhalten wußte. Dazu trug seine von der Mutter ausgezeichnete Position in der Geschwisterreihe bei. Im Verkehr der Eltern mit den Geschwistern nahm er eine merkwürdige Zwischenstellung ein, die ihn eher in die Nähe der Erwachsenen brachte als auf die Seite der Kinder. In Briefen an die Eltern sprach er wie einer ihresgleichen über die Erziehungsprobleme der Geschwister, den Geschwistern gegenüber trat er oft auf wie ein Parlamentär der Erwachsenen. Als Vierzehnjähriger beispielsweise sah er in einem Reisebericht an die Mutter die Welt möglichst mit ihren Augen und achtete betont auf Distanz zu den Jüngeren: *Jedenfalls gibt es* hier *ausgezeichnetes Bier und guten Kaffee ... Dann kam das Haus, in dem Goethe und die beiden Schlegel einst gewohnt haben ... wir gingen durch eine der schönsten Gegenden Thüringens ... Nur zuletzt schien es Alfred und Karl langweilig zu werden, denn sie fingen an, Unsinn zu machen, tanzten ... und kollerten übereinander hin.*[44] Je mehr eine natürliche (oder soziale) Distanz ihm Unverbindlichkeit gewährte, um so mehr fand er zu einer emotionalen Unbefangenheit. So gestand er als Fünfzehnjähriger in einem Brief an die während der Sommerferien in Heidelberg weilende Mutter ungeniert seine Sehnsucht nach der vierjährigen Schwester und dem zweijährigen Bruder ein: *Ich vermisse jetzt Clara und Arthur sehr. Manchmal ... glaube ich ihr fröhliches Geplärr draußen im Garten zu hören, aber es ist die Charlottenburger Straßenjugend ... Freilich bemüht sich Alfred,* den Lärm *durch seine eigene Hahnenstimme zu ersetzen.*[45]

Wenn Weber einmal gesagt hat, seine Mutter habe *Kinder zu erziehen gehabt ... für die das Harmonieren unter einander so außerordentlich erschwert war*[46], so ist damit nur sein Verhältnis zu Alfred (geb. 1868),

Die Brüder Max, Alfred und Karl, 1879

auch noch das zu Karl (geb. 1870), viel weniger das zu Arthur (geb. 1877), aber gar nicht das zu seinen Schwestern charakterisiert. Das Urteil über den Bruder Karl war schon recht früh festgefahren und blieb so stehen bis zu dessen Tod 1915: *Da ist nun eben die Frage, was man mit dem Menschen in diesem Stadium erreicht, wenn man ihn beim Herzen zu fassen sucht. Ich glaube, es ist ohne Erfolg, und man baut auf Sand. Bei Karl wenigstens ist das Resultat nur, daß er das Bewußtsein erlangt, tun und lassen zu können, was er will, ohne die Konsequenzen zu tragen, und das ist bei solchen Augenblicksmenschen recht bedenklich.*[47]

Der 1877/78 in Berlin studierende Vetter Fritz Baumgarten schilderte die beiden ältesten Weber-Söhne seiner nun in Straßburg ansässigen Mutter Ida in einem Brief: «... so grundverschieden, wie die beiden, wird man nicht leicht Brüder finden.»[48] Das Verhältnis der beiden war zu keiner Phase lieblos, man wird aber eine von früher Kindheit an wirkende Konkurrenz um Zuneigung und Aufmerksamkeit der Eltern unterstellen dürfen.[49] Als Alfred zweimal ein halbes Jahr repetieren mußte, wurde dies von ihm als «Arge Demütigung, vor allem gegenüber dem in allen Wissensdingen so strahlend überlegenen ... älteren Bruder» erfahren.[50]

In fast allen Briefen von Max an Alfred gibt es belehrende, gar zurechtweisende Passagen, die umgekehrt bei Alfred ganz fehlen. Sehr lange und selbst in spannungsreicher Situation billigte Alfred die von Max beanspruchte Überlegenheit ihm zu und zeigte Respekt für «... Dein Alter und Deine sonstige Stellung mir gegenüber, denen ich ja gern und selbstverständlich stets zu entsprechen suche und suchen werde ...»[51].

Anders die Haltung von Max, wie sich zum Beispiel im Konfirmationsbrief an Alfred vom März 1884 zeigt; nach seitenlanger Erläuterung der kulturellen Bedeutung des Christentums schließt er mit einer schon fast zur Superioritätsklausel gewordenen Wendung: *Und so will ich Dir zum Schluß den Wunsch mitgeben, daß Du immer mehr zu diesem Bewußtsein, der Frucht wahren Christentums, kommen mögest, unsren Eltern zur Freude, Dir selbst zum Frieden.*[52]

Offenbar blieb die Überlegenheitshaltung nicht auf die Korrespondenz beschränkt. Alfred opponierte mit einer sensiblen und herben Beschwerde am 2. August 1887: «Ich möchte einmal ganz offen sein ... Da ich nun auch allmählich eingesehen habe, in welch einen entsetzlichen Hohlweg ich geraten bin, so möchte ich gern einmal Klarheit zwischen uns schaffen und Deinen guten Rat, wenn möglich, in Anspruch nehmen, und thue es schriftlich, weil es mir so leichter fällt ... jedenfalls war für mich unser Verhältnis in der letzten Zeit drückend und nichts weniger als unbefangen. Es mögen äußere Gründe und überreizte Empfindsamkeit meinerseits gewesen sein ... doch will mir scheinen, als wenn es noch an etwas anderem gelegen habe. Ich konnte nämlich gar nicht begreifen, wie Du stets in Gegenwart eines Dritten über alles, was ich sagte, so absprechend und nichtachtend hinweggehen und auch hie und da bei Dingen, wo ich es zwar nicht einsah, mich auslachen konntest; wenn ich dagegen mit Dir allein war, so gingst Du sehr freundlich auf alles ein und beantwortetest Dinge, die Du im anderen Fall für Unsinn erklärt hättest. Ich fühlte mich dadurch verletzt ... suchte den Grund in allerhand Äußerlichkeit und hielt es schließlich ... für Lieblosigkeit. Denn wenn ich auch meist einsah, daß das, was ich vorbrachte, nur von einem kleinen Felde der Urteilsfähigkeit aus gesagt war, so hatte ich es mir meist doch ganz wohl überlegt und mochte es gern widerlegt, nicht aber ausgelacht sehen ... ob Du die richtige Methode ... verfolgt hast, ist mir noch zweifelhaft, jedenfalls war sie mir oft sehr schmerzlich. Doch ich weiß jetzt, daß Du recht hattest mich auf falschem Wege zu vermuten, denn ich bin auf ihm glücklich zu nichts anderem als zur absoluten Verzweiflung vor mir selbst gekommen ... alle Tage habe ich mich mehr über mich selber geärgert.

Arbeiten ist, glaube ich, das Einzige, wodurch ich mich aus diesem entsetzlichen Zustand herausreißen kann.»[53]

Max Weber antwortete umgehend (5. August 1887): ... *Deshalb ist es auch nicht richtig, daß Du nun in allem von meiner Seite die Sucht siehst, Dich zu irgendetwas hinzustoßen, und diese Absicht jedesmal vermuten willst, wenn ich hie und da gegen eine Äußerung aufgetreten bin ... ich habe in vielen Fällen lediglich meinem momentanen Mißbehagen über das, was Du sagtest oder auch wie Du es sagtest, lebhaften und vielleicht oft zu scharfen Ausdruck gegeben ... Abgesehen davon, daß für wirklich eingehende Erörterungen eine möglichst geringe Anzahl von Augen die geeignetste ist, glaube ich, daß es wohl eher daran liegt, daß ... Dein Ohr akustisch anders disponiert war, je nachdem noch jemand dabei war oder nicht. Von Auslachen und dergleichen würdest Du bei genauer Betrachtung wohl schwerlich viel gefunden haben; ich halte es eher für eine Deiner Prämissen, die ich doch einmal beiseite lassen würde ... Als ich sah, wie fest diesselbe bei Dir saß, habe ich mich allerdings schweigsamer verhalten ... Wenn Dein Rezept auf «tüchtige Arbeit» lautet, so kann ich nur sagen, daß Arbeit etwas sehr gutes ist, aber auch mal ein frisches studentisches Leben viel und oft mehr leistet, und das wollen wir Dir wünschen.*[54]

Die Versuchung ist groß, Webers Sich-Verstecken im Familienplural, seine annäherungslose Defensivtaktik als zynische Abweisung anzusehen. Im Spiel ist auch eine Betroffenheit, eine schier mechanische Sperre Gefühle zu äußern, eine schlimme Hemmung, unter der Weber sein Leben lang litt: ... *es liegt ... etwas in meiner Natur, daß ich meine Gefühle selten andern mitteile, es kostet mir oft Überwindung, es zu tun ... aber deshalb sind meine Gefühle doch nicht geringer, es wird mir ... schwer, mich zu anderen darüber auszusprechen ... Ein Übelstand, dem ich bisher mit dem besten Willen nicht habe abhelfen können.*[55] 35 Jahre später, 1914, das gleiche Selbsturteil: *Es wird ja ... wohl so bleiben, daß ich ein verschlossenerer und vielleicht einsamerer Mensch bin, als es so aussieht, und nicht leicht zugänglich, das hat mir die Natur nicht gegeben, und darunter haben manche, deren Liebe ich gehabt habe, und habe, oft zu leiden gehabt und leiden vielleicht noch.*[56] Wie auch er darunter zu leiden hatte, drückt sich selbst aus in einem Brief an die Freundin des Bruders Karl, als der in Rußland gefallen war: *Aber ich hatte doch inzwischen genug vom Leben und den Menschen gesehen, um zu wissen, wie gründlich der Irrtum über den jugendlichen Karl gewesen war, und daß ihm damals Unrecht geschehen war. Es hat sich nie eine gute Stunde ergeben, die das alles einmal zur Aussprache gebracht hätte. Und nun ist er nicht mehr da.*[57]

An die von ihm dem Alter nach entfernteste Schwester Lilli (geb. 1880) schrieb er einen Brief, der in seinem gelösten Einfallsreichtum und seiner sich aller Konvention entschlagenden Kinderlogik den «Briefen an kleine Mädchen» von Lewis Carroll nicht nachsteht: *Vorhin ist mir eingefallen, daß übermorgen Dein Geburtstag ist, und daß Du dann fünf Jahre alt und eine ganz große Lilli wirst und nicht mehr weinen willst und die Suppe ganz schnell essen willst ... Da bin ich zum Geburtstagskind gegangen und ... habe dem Geburtstagskind gesagt, es möchte mir doch was recht Schönes*

Max Weber, 1878

für mein kleines Schwesterchen geben ... einen Ball oder eine Tabakspfeife oder ein neues linkes Bein für die blonde Puppe oder ein paar Kopfhaare für den armen Golderschatz oder ein Schwämmchen, damit ihm sein schmutziges Gesicht gewaschen werden könnte ... Da hat mich das Ge-

burtstagskind aber ausgelacht und hat gesagt: «Ach, was denkst Du Dir denn eigentlich, Du dummer Student, einen Ball hat die Lilli schon, und eine Tabakspfeife schmeckt ihr nicht mehr ... und der Golderschatz ist bloß vom Küssen so schmutzig und das ist ja das Schöne an ihm» ... Da bin ich ganz betrübt geworden ... und habe gedacht: Nun muß ich aber doch mal hören, ob denn die Lilli wirklich gar nichts mehr von mir weiß und ob sie nicht bald wiederkommt ... da muß ich ihr doch einen Brief schreiben auf recht schönem Papier, wo sie sich nachher ein Schiff davon machen kann für den Springbrunnenteich im Garten ...[58]

Mit Wohlbehagen ließ er sich in diese Kinderwelt zurückfallen. Hier gewannen seine Gedanken und Gefühle eine Freiheit und Unmittelbarkeit, und sein Schreibstil verlor das Holpernde und Verkrampfte, das oft die Korrespondenz mit Erwachsenen beschwert. Als 1892/93 die siebzehnjährige Klara in einer hessischen Försterei eine Haushaltslehre absolviert, gewinnen die Briefe eine Dichte, die vielleicht nahe an die Grenze dessen führt, was zwischen Geschwistern noch möglich ist[59]: *... Ich hätte der kleinen weißen Katze* – vermutlich ein Geschenk von Klara – *gern einen Kuß gegeben, fürchtete ich nicht, sie zu erschrecken; so spare ich ihn für das Original auf, wenn ich es wieder hier habe ...* Ebenfalls an Klara, die inzwischen in der französischen Schweiz ist: *Mich wundert nur, daß Du noch immer Deutsch kannst. Nun adieu, avec un tendre pralinée – oder heißt es baiser? ton Max ...*[60]

Die Beziehungen der Brüder Max und Alfred zu ihren Eltern boten bis zur Konfirmationszeit kaum Schwierigkeiten. Die Mutter wird eine Vorliebe für den Älteren, der Vater vielleicht für den zweiten gehabt haben[61], der anscheinend lieber als Max ihn auf seinen ausgedehnten Wanderungen begleitete. Im allgemeinen wird dem Vater ein gelassenes Gemüt und Warmherzigkeit nachgesagt, solange sich nichts seinen Erwartungen entgegenstellte. Grundsätzlich sei er von seinem «unverlierbaren Anspruch auf Geltung und Autorität» überzeugt gewesen. Fritz Baumgarten sagt von ihm in einem Brief an seine Mutter Ida, er sei «ein rechter Despot»[62].

Als Weber an der Schwelle vom vierzehnten ins fünfzehnte Lebensjahr stand, bekam seine Mutter zum erstenmal etwas von seinem Bedürfnis zu spüren, sich mit Gefühlsäußerungen zurückzuhalten und Wichtiges mit sich allein auszumachen. Sie aber wollte vor allem an seinen religiösen Empfindungen und Gedanken teilhaben: «Je näher mir Maxens Konfirmation rückt, je weniger kann ich bemerken, daß er irgendwelchen tieferen, zum Nachdenken ... anregenden Einfluß der ganzen Zeit fühlt. Ich hab's neulich ... versucht, aus ihm herauszubekommen, wie er denkt und fühlt den Hauptfragen des christlichen Bewußtseins gegenüber. Erst schien er ganz verwundert ... daß das Nachdenken und Sich-selbst-klarmachen solcher Fragen ... aus dem Konfirmationsunterricht ... hervorgehen müsse.» An anderer Stelle: «Ich halte mir die Stunden ... frei um Max ... zu veranlassen, durch Gespräch oder Vorlesen mich etwas in seinen Interessenkreis hineinblicken zu lassen. Er hat kaum mir gegenüber das Bedürfnis dazu, und bei unserer so verschiedenen Naturveranlagung muß ich ein ordentliches Studium daraus machen, mir den Jungen innerlich nicht fremd werden zu lassen.» Da er sich ihr so störrisch zeigte, bat sie den Vetter Fritz um Einsicht in die Briefe ihres Sohnes, so daß sie auf diesem Umweg, der an die Fallensteinsche Kontrollsucht erinnert, einiges von dem erfuhr, was ihr anders nicht zukam.[63] Schließlich, als sich die gleiche Entwicklung bei Alfred wiederholte, fiel sie in Selbstanklagen und in Verzagtheit: «... es ist mir nicht leicht geworden, auch da zu resignieren, den Einfluß andern oder der Zeit oder so mancher Erfahrung zu überlassen.»[64]

Tatsächlich hat die Religiosität des Konfirmanden Max nicht viel von der Aufgewühltheit und Rigorosität der Mutter und der Straßburger Tante bewahrt. Trotzdem sind zwei Elemente der calvinistischen Religiosität, wenn auch in säkularisierter Verdünnung, leicht zu erkennen: Erlösungsgewißheit und Bezug auf Lebenspraxis: ... *ich glaube, daß ein Mensch, der ehrlich behaupten könnte, er besitze absolut keine Überzeugung, keine Hoffnung auf ein Jenseits, ein überaus unglückliches Geschöpf sein müßte. Denn so ohne alle Hoffnung ins Leben hineinpilgern mit dem Glauben, daß jeder Schritt nur näher zur gänzlichen Auflösung führt ... das muß ... ein furchtbares Gefühl sein, und dem Menschen jede Lebenshoffnung nehmen.*[65] ... *Es ist ... keine leichte Aufgabe, den Sinn und die Bedeutung der Konfirmation einem Jungen unserer Gesellschaftsklassen klar zu machen; für mich bedeutete sie den offiziellen Eintritt in eine große Gemeinschaft ... naturgemäß sucht man dann die Bedeutung dieses Akts auf der p r a k t i s c h e n Seite ... andrerseits das V e r s t ä n d n i s der praktischen Bedeutung des Christentums im täglichen Leben ist etwas, was erst* ... später *kommen k a n n.*[66]

Der Geist des Hauses

In einem der Dissertation beigefügten Lebenslauf faßt Max Weber seine Schulzeit aufs kürzeste zusammen: Nach der Übersiedlung nach Berlin *... besuchte ich ... zunächst die Döbbelinsche Privatschule daselbst und seit 1872 das Königl. Kaiserin-Augusta-Gymnasium zu Charlottenburg ... Ostern 1882 zur Hochschule entlassen, bezog ich nacheinander die Universitäten Heidelberg, Straßburg, Berlin, Göttingen ...*[67] Das Abiturzeugnis bescheinigte hervorragendes Wissen, richtete aber Unmut und Zweifel gegen Schulfleiß und sittliche Reife des Absolventen.[68]

Nach dem Vorbild des Vaters wählte Weber, als er im Mai 1882 die Heidelberger Universität bezog, die Rechtswissenschaften als Haupt- und Berufsstudium. Gleichzeitig nahm er an philosophisch-kulturwissenschaftlichen und ökonomischen Lehrveranstaltungen teil. Die Briefe an die Eltern – besser: an Vater und Mutter, denn es gibt wenig Simultanbriefe, auch in späterer Zeit – spiegeln am besten die Interessen und Erfahrungen dieser ersten vier Semester wider: Der Nationalökonom ... *Knies hat mir jetzt, wo ich doch einige Grundbegriffe nationalökonomischer Betrachtungsweise durch das Studium von Adam Smith und anderen gewonnen habe, einen wesentlich anderen Eindruck gemacht, als vor einem Jahr, wo ich mitten im Semester einmal hinging und mich schrecklich ödete* (Mai 1883, 3. Semester). – *Gern würde ich hier ein orientalisches Kolleg hören ... damit meine hebräischen Kenntnisse doch nicht ganz verloren bleiben* (Februar 1883, Ende 2. Sem.). – *Fast ebenso besucht ist ... das Kolleg Kuno Fischers, morgens von sieben bis acht, Logik* (Mai 1882, 1. Sem.). – *Heute morgen ärgerte ich mich über Kuno Fischer, der zwar eine blendende Kritik von Schopenhauers System lieferte, aber auch wieder in höchst unangenehmer Weise Theater spielte* (Juni 1882, 1. Sem.). – *Ich bin nach Kräften fleißig, namentlich für das Historische Seminar, wo ich jetzt zweimal ein ziemlich kniffliges Referat hatte* (Dezember 1882, 2. Sem.). – *Ich habe in dieser Woche kräftig zu arbeiten gehabt an einem Referat über einen Fall des Eherechts für das Juristische Seminar, welches mir sehr wohl gefällt* (Mai 1883, 3. Sem.).[69] Es kamen übliche Anfängerklagen auf bei einer Vorlesung zum Römischen Recht von Immanuel Bekker: er *gibt zu viel Kontroversen und Zweifel, zu wenig feste Punkte. An jeder einzelnen Stelle muß er konstatieren, daß die Durchführung des Systems hier noch völlig zurück sei ... ohne eine eigene Ansicht vorzutragen, an die man sich doch vorläufig ... halten könnte. Das Recht scheint*

Als Student . . .

dadurch viel flüssiger als es sein kann, und das große Werk der Rechtsbildung erscheint recht erheblich verkleinert.[70]

In mehr oder weniger direktem Zusammenhang zum Studium stand der Lesestoff, den er in Massen verschlang, einen kleinen Teil davon erarbeitete er sich in Diskussionen. *Mein «Weihnachtsbrief» könnte sehr lang werden, falls ich alle die Werke anführen wollte, die ich zu besitzen wünsche. Ganz besonders wünschenswert wäre mir natürlich eine Ausgabe von Savigny und Jhering; sehr gern besäße ich daneben Buckles «History of civilisation» oder Gibbons: «History of the decline of the roman Empire» englisch oder deutsch, ebenso Langes Geschichte des Materialismus . . .* Dieses Werk von Friedrich Albert Lange scheint ihn besonders beschäftigt zu haben, denn noch ein Jahr später hob er es unter allem anderen Lesestoff deutlich hervor: *Meine liebste Lektüre ist Langes Geschichte des Materialismus, dessen ruhige und realistische Auffassung sich entwickeln zu sehen ein wahres Behagen ist* (September 1883).[71]

Weber hatte in Heidelberg eine Stube auf dem jenseitigen Neckarufer gefunden. Er bezahlte dafür 120 Mark pro Semester, einen Preis, der etwa ein Viertel über dem damals Üblichen lag. So wohnte er nur ein paar Häuser weit von der großelterlichen Wohnung entfernt. Die wurde zu dieser Zeit von der zweitältesten Fallenstein-Tochter und deren Familie bewohnt. Der Mann, Adolf Hausrath, Kirchenhistoriker, war ein zur Einsiedelei neigender Mensch, der dem Neffen das Gefühl aufnötigte, ihn *wie ein rohes Ei behandeln zu müssen*[72]. Der wichtigere Kompagnon und Diskussionspartner war der Vetter Otto, wiederum ein Sohn aus der Familie der Ida Baumgarten in Straßburg. Er stand kurz vor dem Abschluß des Theologie-Studiums. Mit ihm machte Weber Ausflüge in den Odenwald, las und stritt mit ihm über die *Unwissenschaftlichkeit, törichte Gemütsphilosophisterei* Hermann Lotzes oder über Alois Emanuel Bieder-

Haus der Heidelberger Burschenschaft Alemannia (nach einem Gemälde)

... und als Heidelberger Alemanne, 1882/83

manns «Christliche Dogmatik»: *Im übrigen bin ich tief in die Theologie geraten.*[73]

Es waren aber nicht nur geistige Vergnügen, denen er sich in Heidelberg hingab. Er kam sofort mit Couleur-Studenten in Berührung und sogleich wurde sein Ton, zumindest in den Briefen an den Vater, aufgeblasen und ruppig: *... in Heidelberg angekommen entging ich glücklich den Nachstellungen mehrerer Alemannen ... Am Sonntag abend rückten mir zwei Rhenanen auf die Bude. Nachdem ich sie ... herausgeschmissen hatte, hoffte ich ... daß sie mich anrempeln würden. Aber die Kerls ... waren zu furchtbare Rindviechs. Die übrige Bande ließ mich in Ruhe.* Im Grunde sympathisierte er mit einer Verbindung, von der er wußte, daß *Couleurschulden nicht existieren ... die Leute mit einem Wechsel von 120 Mark ... auskommen ... die nur zweimal in der Woche offiziell kneipen – und weil ... sehr nette Leute ... ihnen angehören.* Doch er fürchtete, seinen Vater zu kränken, zögerte noch – *Der Herr Vater kann also beruhigt sein und seinen Hohn zurückhalten* –, trat aber Anfang des zweiten Semesters bei den Alemannen, der Verbindung des Vaters, ein. So war seine Heidelberger Trinität hergestellt: *Ich sitze gewissenhaft meine Kollegien ab, hasple mich jeden Morgen eine Stunde lang auf dem Paukboden ab und stürze mich den Rest des Tages auf die Unmassen von Lektüre ...*[74] Trotzdem, der Biergenuß schwemmte ihn auf, so daß, bei zusätzlicher Entstellung durch einen Schmiß, die Mutter beim Wiedersehen erschrak vor soviel Väterlich-Ungeliebtem im Erscheinungsbild des Sohnes, und sich zu einer Ohrfeige hinreißen ließ. Eine gelegentliche Lust zum exzessiven Renommiertrinken begleitete Weber bis in die Freiburger Zeit.[75]

Dreißig Jahre später wies er seine Stigmata aus dieser Zeit auf, wo *ich ... infolge meiner Zugehörigkeit zur Burschenschaft ganz unverhältnismäßig viel* Geld *verbraucht* habe ... *Ich scheue mich nicht, ganz offen zu sagen ... daß ich die Schwierigkeiten, diese in unreifen Jahren auf der Universität unwillkürlich eingeübten Gesten wieder aus den Gliedern los zu werden, am eigenen Leibe erfahren habe. Das Gleiche darf ich ... von ... Alkoholgewohnheiten sagen ...*[76] Sechs Jahre später wiederum, in einer Schrift zum *Wahlrecht der Demokratie in Deutschland* von 1917/18, stellte er das Resultat von Erfahrung und Beobachtung in den soziologischen Kontext: *Das studentische Couleurwesen ist ... die typische soziale Erziehungsform des Nachwuchses für die nichtmilitärischen Ämter, Pfründen und «freien» sozial gehobenen Berufsstellungen. Die «akademische Freiheit» des Paukens, Trinkens, Schwänzens entstammt Zeiten, wo andere Freiheiten irgendwelcher Art bei uns nicht existierten und wo nur diese Literatenschicht der Amtsanwärter mit eben jenen Freiheiten privilegiert war. Der Einschlag aber, welchen die damals entstandenen Konventionen in der «Geste» des in Deutschland ... wichtigen «Prüfungsdiplommenschen» hinterlassen haben, ist noch heute nicht zu beseitigen ... weil das Konnexionswesen der Couleuren heute eine spezifische Form der Auslese der Beamten ist und weil die Reserveoffizierqualität und die dazu erforderliche, durch das Couleurband sichtbar verbriefte «Satisfaktionsfähigkeit» den Zutritt zur «Gesellschaft» öffnet.*[77]

Hier wird, an einem relativ simplen und deshalb übersichtlichen Beispiel, ein mehrstufiger Entwicklungsprozeß deutlich, den viele soziologische Theoreme Webers durchlaufen haben, ehe sie die Stufe ihrer höchsten Abstraktion erreichen. Läßt man die jeder schematischen Darstellung eines Entwicklungsganges angemessene Vorsicht auch hier walten, dann darf man sie fassen als ein Fortschreiten von der persönlichen Erfahrung über ein kritisches Distanzieren zur «verstehenden», soziologischen Einordnung; als ein Grundmuster also, das so oder differenzierter bei Weber häufig wahrgenommen werden kann. Mit seinen Worten: es wird eine Erkenntnis *durch die Besinnung ... aus dem Gebiet des «Anschaulichen» in dasjenige des «Begrifflichen» ... übertragen.*[78]

In den Pfingstferien 1882 nahm Otto Baumgarten den Vetter Max mit zu seinen Eltern und Geschwistern und so kam Weber zum erstenmal nach Straßburg. Von acht Kindern der Tante Ida lebten noch vier. Fritz war von seinem Berliner Studienaufenthalt an als Briefpartner, Otto als Heidelberger Disputant wohlbekannt. Aber auch die beiden Schwestern waren durch die gemeinsamen Ferienaufenthalte in Heidelberg vertraut: Emmy ein Jahr, Anna vier Jahre jünger als Max Weber. Den Onkel Hermann Baumgarten kannte er von allen noch am wenigsten, was sich aber schnell änderte: *Es waren wirklich sehr schöne Tage in Straßburg. Ich habe mit Onkel und Tante doch so manches eingehende Gespräch über verschiedene Gegenstände gehabt und namentlich auch unter Ottos Freunden einige sehr liebenswürdige und geistig bedeutende Menschen kennengelernt.* Schon bald darauf, im November des gleichen Jahres, traf bei Max Weber in Heidelberg ein Hilferuf ein, ... *eine dringende Karte von der Tante und von Otto ... um Otto noch einmal zu sehen und Emily kennenzulernen*[79].

Emily Fallenstein war die Tochter eines Halbbruders von Ida Baumgarten-Fallenstein, die Tochter eines jener Söhne, die sich vor der erzieherischen Wucht ihres Vaters nach Übersee gerettet hatten. Sie kam von Liverpool und weilte nun bei ihren kontinentalen Verwandten. Beide Söhne verliebten sich in sie. Als der Hilferuf eintraf, war die Hochzeit zwischen Emily und dem sieben Jahre jüngeren Otto bereits beschlossen. Die Familie war darüber völlig zerstritten. Weber berichtete seiner Mutter: *Emily hat etwas unglaublich Anziehendes und Liebenswürdiges ... Sie besitzt eine ausgedehnte Belesenheit ... ein scharfes und geistvolles Urteil und ist ... religiös und ethisch ... aufs sorgfältigste durchgebildet.* Wahrscheinlich sahen alle das gleiche, aber sie beurteilten es verschieden. Webers distanziertes, interesseloses Wohlgefallen wurde nicht nur von Ottos liebender Identifikation überboten, sondern auch von Idas Glauben an die religiöse Superiorität Emilys. Hermann Baumgarten dagegen sah in ihr eine unheimliche Kranke. Der Hader traf zudem auf den labilen Ehestand von Hermann und Ida Baumgarten. Weber wiederum an seine Mutter: *Es ist doch wirklich merkwürdig, mit welcher absoluten Stärke sich die Urteile über Emily in dieser Familie entgegenstehen und ... gegenseitig ausschließen. Auf der einen Seite eine geradezu abgöttische Verehrung, die dieser Frau überirdische Eigenschaften ... zuschreibt ... auf der anderen Seite unbedingtes Mißtrauen ... gegen ihre Wahrhaftigkeit ...*[80]

Die Hochzeit fand am 9. Januar 1883 statt; Weber nahm daran teil: *Emily sah ausgezeichnet aus ... Otto sah recht angegriffen und nervös aus.*[81] Danach zogen Otto und seine Frau in das Pfarrhaus einer kleinen alemannischen Gemeinde. Elf Monate später starben Kind und Mutter im Wochenbett.

In Weber lösten diese Erlebnisse Entwicklungsprozesse aus, deren Resultat erst in den nachfolgenden Jahren in Erscheinung trat. Er war von nun an so stark mit der Straßburger Familie verflochten, daß von dort der größte Einfluß auf ihn wirkte. Zunächst zeigte sich die Bindung noch im Äußerlichen, indem nämlich Weber Straßburg zur Garnison für seine Dienstzeit als einjährig-freiwilliger Soldat wählte.

Ein Einjährig-Freiwilliger hatte im Vergleich zu anderen Wehrpflichtigen mancherlei Vorrechte. Sie kamen ihm zu, wenn er sich freiwillig zur

Ableistung der Militärzeit als Reserveoffiziersanwärter verpflichtete und bereit war, für Verpflegung, Uniform und andere Ausrüstung teilweise selbst aufzukommen; die weitere Verpflichtung zur eigenen Unterbringung erlaubte ihm das Wohnen außerhalb der Kaserne. Außerdem verkürzte sich seine Grunddienstzeit auf ein Jahr, verlängerte sich später aber um die sich ständig wiederholenden Acht-Wochen-Übungen, zu denen die Reserveoffiziere verpflichtet waren. Das Recht auf diese Art der militärischen Dienstleistung stand allerdings nur dem zu, der durch eine bestimmte Schulausbildung das «Einjährige» erworben hatte, dem etwa die Mittlere Reife entspricht. Während der Militärzeit, von Oktober 1883 bis Ende September 1884, war Weber für die Gastfreundschaft der Straßburger Verwandten besonders dankbar, denn so erlebte er vor allem die dienstfreien Sonntage als *Lichtpunkte in dieser dunklen Stall- und Reitbahnexistenz ... die Verwandtschaft ist nur eine Brücke, welche es ermöglicht, über tausend Dinge und so zu sprechen, wie und über welche dies sonst schwer möglich ist.* Weber litt sehr unter *dem stupiden Dienst*, und er wehrte sich energisch gegen die auch von der Mutter gehegte Hoffnung, daß *mir wie Du prophezeitest, die schöne Seite des Militärlebens schon aufgegangen sei.* Oft klagte er über allgemeine Schikane und persönliche Kränkung: *Mein Transpirieren war enorm, wenigstens präsentierte mich der Hauptmann den Offizieren in dieser Beziehung als Monstrum.* Er zeigte eine große Bereitschaft, die ungewohnten körperlichen Strapazen zu ertragen, aber: *... noch weit unangenehmer ist der endlose Zeittotschlag, der beim Militär getrieben wird, und das ... millionenmalige Wiederholen der vielen rein mechanischen Künste, welches ... den Katzenjammer ... erzeugt oder vielmehr einen Zustand, der noch viel schlimmer ist und jegliches Denkvermögen einfach verschwinden läßt.*[82] Zum erstenmal kam er mit Menschen aus einem anderen sozialen Milieu zusammen: *Ich bin oft genug erstaunt ... ein wie anständiger Ton ... unter den Leuten meiner Kompanie herrscht, von denen ... etwa ein Drittel als ihren Stand oder den ihrer Eltern einfach «Arbeiter» angegeben haben – und diese letzteren sind die anständigsten. Unter den Musketieren sind viele Polen, die zum Teil erst hier von den Unteroffizieren die deutsche Sprache eingeprügelt bekommen.*[83]

Vieles spricht dafür, daß Weber eine Anpassung an das Soldatenleben nicht gelang. Vier Monate vor dem Ende des Ausbildungsjahres schrieb er an den Vater: *Ich lechze schon jetzt beinahe nach dem 1. Oktober und freue mich sehr auf Charlottenburg;* einen Monat später an die Mutter: *Glücklicherweise bin ich endlich meine Korporalschaftsführung los geworden.* Trotzdem brauchte er um die Beförderung nicht zu bangen: *Um später weiter zu avancieren, hat man verschiedene Mittel, z. B. öfters Pauken, was hier in Offizierskreisen sehr imponiert ...* Und im Brief an die Mutter wieder: *Ich denke, daß ich unter diesen Umständen im Herbst wohl avancieren werde ... Mühe – und Geld genug – hat mich die Erlangung dieser günstigen Stellung in der Kompanie gekostet.*[84] So betrachtet erscheint die Militärzeit als eine kurz gefaßte Wiederholung des damaligen bürgerlichen Lebens unter erschwerten Bedingungen.

Will man von einem Gewinn für Weber aus dieser Zeit sprechen, so kam er ihm besonders dadurch zu, daß er Land und Leute beobachtete und Kenntnisse daraus zu ziehen wußte: *Die großen Bauern dortzulande, meist durch Hopfenbau reich geworden ... sind in ihrer Art philosophisch angelegte Naturen und beschäftigen sich eifrig mit allen Fragen des Tages ...* Und in einem Brief an den Bruder Alfred: *Es ist recht schade, daß das Volk im Elsaß sich mit uns preußischen Militärs so schwer befreunden will ...*[85]

Als «Einjähriger» in Straßburg, 1883

In einigen Grundzügen ihres Charakters waren sich die Schwestern Ida Baumgarten und Helene Weber so ähnlich, daß auch ihre Lebenskurve eine gewisse Parallelität aufweist. Beide übernahmen von ihrer Mutter eine strenge Religiosität, die – anders als es bei der Mutter sein konnte – gepaart war mit einem Fallensteinschen Durchsetzungswillen, der bei Ida mehr in Erscheinung trat als bei Helene. Beide litten sehr unter ihren religiösen Pflichtvorstellungen und unter dem Gefühl, ihnen nicht voll entsprechen zu können. Beide waren mit stark berufsorientierten und wenig ergänzungsbedürftigen Männern verheiratet. Beide hatten eine ausgeprägte sozial-caritative Neigung, die sie an den Ehemännern vorbei in Übereinstimmung mit einem Sohn oder einem Sohnersatz zu praktizieren versuchten. Beide fühlten sich mißverstanden und wurden in der dem Patriarchalismus selbstverständlichen Manier von ihren Gatten unterdrückt. Keine von beiden wagte dagegen zu rebellieren. Aber beide brachten von vornherein ihr Refugium mit, wohin sie, zuerst vorübergehend, Ida entschlossen und Helene widerwillig, schließlich ganz entschlüpften.[86]

Max Weber, ein distanzierter und scharfer Beobachter des familiären Interieurs, gab, was er davon sah, manchmal preis, wenn auch nicht selten an versteckten Orten und in verschlüsselter Form. Das Eheschicksal der beiden Schwestern zeichnete er nach, als er 1911 bei einer Hochzeitsrede der Braut folgende Möglichkeit warnend vor die Augen stellte: *Und nun habe ich oft gesehen ...: es kamen im Leben und Wachsen der Ehe für die junge Frau, mitten im hellsten Leuchten des Glücks, früher, später, irgendwann – Stunden einer eigentümlichen Einsamkeit, die alle starke Liebe vom Manne und zu ihm nicht tilgen wollte. So kommt es – oder in anderer Form: immer ist es eins, was da mit unsichtbaren Händen nach ihr greift: Die eigene Natur, die Heimat, alles das, was die Vergangenheit ihr versprach und auferlegte. Langsam scheint sie wieder zurückzugleiten in die Bahnen ihrer Natur und Vorgeschichte.*[87]

In der Rückschau hat Helene Weber die Wahrnehmung des unüberbrückbaren Unterschieds zwischen der eigenen Lebensauffassung und der ihres Mannes auf das Jahr 1877 datiert. Damals starb ihnen das vierjährige Helenchen an Diphtherie. Danach habe ihr Mann sie allein gelassen in ihrem lebensbedrohenden Schmerz. Dies sei für sie ein erster Schritt zur Distanzierung gewesen. Trost habe sie allein bei den Schwestern gefunden. Als Max Weber 1882 nach Straßburg kam, hatte er gewiß noch keine Krise, wohl aber die große Differenz in Lebensführung und Lebensdeutung der Eltern wahrgenommen. Zwischen Max Weber sen. und seiner Straßburger Schwägerin Ida war das Verhältnis von jeher gespannt; schon 1877 hatte der Sohn aus Berlin ihr geschrieben: «Ich verstehe jetzt, daß Du Dich leicht mit dem Onkel zankst.»[88] Dieser seinerseits nannte sie «exzentrisch». Alle Beteiligten wußten, daß Helene in Ida ihr Vorbild und Ideal sah.

In dieser Konstellation lernte Max Weber, indem er Ida und die von ihr geprägte Baumgarten-Familie mit kritischen Augen betrachtete, auch seine Mutter kritisch sehen. Ausgangspunkt bildeten die schlimmen Er-

Am Ende der aktiven Dienstzeit, 1884

lebnisse im Zusammenhang mit Ottos Heirat. Kaum war Weber in Straßburg Soldat geworden, schrieb er an seine Mutter: *Was ich an der Lebensanschauung von Baumgartens auszusetzen habe? ... daß mir die Gefahr vorzuliegen scheint, daß sie zu gewissen Exzentrizitäten führe, die leicht das Lebensglück der Betreffenden beeinträchtigen können ...* Als Beispiel nennt er *Ottos Heirat ... Wie der Papa darüber denkt, weißt Du ja auch. Ich müßte lügen, wenn ich die direkt entgegengesetzte Meinung vertreten wollte. Ich glaube nur, daß die Entwicklung bei dem Geiste des Hauses nicht anders möglich war ... daß dieser Geist auch seine Gefahren in sich birgt ... wie jede andere Lebensanschauung, die ... weniger tief scheint ... Eine Haupteigentümlichkeit derselben ist das Abwenden von der Wirklichkeit und die Verachtung der Rücksichtsnahme darauf ... Ich möchte sogar die Behauptung aufstellen, daß ... Baumgartens ... die Menschen nicht behandeln ... wie sie sind, sondern wie sie nach einer sehr rigoristischen Anschauung sein sollten, respektive ... wie sie nach logischen Deduktionen etwa gedacht werden zu müssen scheinen.*[89]

Nicht nur nahm sich der Sohn den Vater zum Kronzeugen, sondern er identifizierte sich mit ihm bis in die Wortwahl, ja er stellte dessen Lebensanschauung, die der Partei Ida–Helene als seicht galt, gleichberechtigt gegen die des hoch angesehenen Vorbilds der Mutter. Ein halbes Jahr danach wagte er eine Kritik an den Fundamenten der mütterlichen Einstellung zu den Söhnen. Allerdings spricht er nicht für sich, sondern als der Advokat Alfreds: *Nun zu Deinem Brief ... zu dem, was Du über Alfreds Konfirmation schreibst ... Um ... eine freiere und selbständigere Auffassung über das Christentum ... zu rechtfertigen, muß ... vorauszusetzen sein, daß er überhaupt schon von sich aus gegenüber derjenigen Auffassung Stellung genommen hat, welche ihm von Jugend auf die natürliche war, d. h. gegenüber der Autoritätslehre. Anderenfalls ist die Gefahr vorhanden, daß, wenn ihm von außen her dieser ... seinem ganzen Wesen zugrunde liegende Autoritätsbegriff gelockert wird, derselbe für ihn überhaupt seine Wirksamkeit verliert ... denn an das Denken unter dem Schutze ... der Autorität ist der Betreffende nach wie vor gewöhnt.* «Der Betreffende», das könnte Max so gut wie Alfred sein.

Er ließ den Brief vier Tage liegen, ehe er ihm durch einen Zusatz eine neue Wendung gab. Nun ist er fähig zu dem Versuch, die Mutter aus der Sackgasse des Selbstzweifels zu führen, und ihr zu sagen, was sie für ihn war und ist: *Was Du ferner ... über Deine «Unfähigkeit» schreibst ... uns auch g e i s t i g eine Mutter zu sein, so muß ich ... mit aller Energie konstatieren, daß dies vollkommen auf Irrtum beruht ... Ich war in meinen Gedanken oft auf ganz exzentrischen Wegen und muß es hauptsächlich Deinem Einfluß zuschreiben, daß ich jetzt zu einer ruhigeren Anschauungsweise gelangt ... bin ...*[90]

Ein weiteres Ereignis auf dem Weg, der dahin führte, daß sich die Geister schieden, ist Max Webers Begegnung mit den Schriften von W. E. Channing. Dieser amerikanische Prediger der «Gemeinde der freien Seelen», einst der Mutter Helene in Erfurt von Ida empfohlen, wurde während eines Aufenthalts im Krankenrevier Max Webers Lektüre: *Der Tante Ida scheint es große Freude zu machen, daß dieser, ihr Liebling, mir so imponiert ... Offenbar entspricht seine Weltanschauung der ihrigen am meisten, wenngleich ich glaube, daß Channing den Kultus des Individuums nicht in dieser extremen Weise ausgebildet haben würde und andererseits der Begriff der Pflicht und des Sittengesetzes nicht in so starrer, fast möchte ich sagen: totenstarrer, sondern in freier lebendiger Form gebildet haben würde.*[91] Noch anderthalb Jahre später, im Dezember 1885, ist Channing seine Sonntagslektüre. Dabei gerät Weber zu ihm in eine entscheidende Opposition: *Eine Abhandlung über den Krieg ... erscheint mir ... in dem Bestreben alle Persönlichkeiten und Handlungen, die sich auf den Krieg beziehen ... als weit u n t e r dem Handwerk des Henkers stehend, zu qualifizieren, einfach v e r w e r f l i c h ... Nicht ungefährlich ist aber das Aufstellen solcher Theorien, weil es leicht in den Empfindungen der Menschen einen Riß zwischen den angeblichen Anforderungen des Christentums, und dem, was die gesellschaftliche Ordnung der Staaten und der Welt an Konsequenzen und Voraussetzungen mit sich bringt, hervortreten läßt ...*[92]

Damit aber hatte Weber den Boden, auf dem Ida stand, den «gesinnungsethischen», verlassen; er steht nun auf dem Feld der «verantwortungsethischen» Politik, oder im Sinne der Familienkonstellation gesehen, auf der Seite des Onkels Hermann Baumgarten.

Nach Otto, Ida und Hermann Baumgarten hat noch eine vierte Person aus der Familie eine große Bedeutung für Max Weber gewonnen. 1887, bei seinem zweiten Offizierstraining, entspann sich eine hauchdünne Liebesbeziehung zwischen ihm und der ein Jahr jüngeren Cousine Emmy. Emmy erinnerte sich später: «... als er seine Übung in Straßburg machte, ja, da schien es mir auch, als spräche etwas anderes noch aus seinem ganzen Benehmen ... Diese Zeit steht mir in verklärter Erinnerung, sie war die schönste meines Jugendlebens ... trotz der Bedenken, die schon damals nicht ausblieben.»[93] Diese in der Folge so liebevolle, eher brüderliche Freundschaft erhielt einen dramatischen Akzent dadurch, daß die beiden Mütter, Ida und Helene, lange an ihrem Entschluß festhielten, Emmy und Max als versprochen anzusehen.

Übergangszustand

Auf das politische Denken Max Webers, wie es sich zwischen 1882, dem Beginn seiner Offiziersausbildung, und 1897, der Berufung nach Heidelberg entfaltete, hatte Hermann Baumgarten, der Straßburger Onkel, den allergrößten Einfluß. Baumgarten hatte, bevor er 1861 eine Professur für Geschichte in Karlsruhe annahm, weitgehend journalistisch gearbeitet, so von 1848 bis 1852 als Redakteur der «Deutschen Reichszeitung». Ein nationales Renommee erwarb er sich durch einen in den «Preußischen Jahrbüchern» 1866 veröffentlichten großen Aufsatz «Der deutsche Liberalismus. Eine Selbstkritik».[94] Aus dieser Schrift ragen vier Problemkomplexe hervor, die, wenn auch umformuliert und anders akzentuiert, in Max Webers politischem Denken wiederzuerkennen sind:

1. Baumgarten lobte Preußen dafür, daß es in dem Krieg gegen Österreich «den tatsächlichen Beweis geführt hatte, daß deutsche Macht und Tüchtigkeit, daß das Vermögen, Großes zu vollbringen, daß Gesundheit der politischen und militärischen Organisation allein bei ihm» sind. Die Denkweise der Deutschen habe sich in wenigen Monaten verändert: Die «Masse der Nation ... greift die existente deutsche Macht mit Händen». Er trat, wenn auch noch vom Plafond der deutschen Hegemonialkriege aus, für einen starken Nationalstaat ein. Max Weber wird 30 Jahre später mit gleicher Entschiedenheit einem mächtigen Nationalstaat das Wort führen, allerdings im Bezugsrahmen der europäischen Staaten.

2. Baumgarten stellte, wie es Max Weber in der Freiburger Antrittsvorlesung tun wird, die Frage nach der sozialen Klasse, die in Deutschland zu führen fähig wäre und plädierte noch für eine «wohltätige Arbeitsteilung» zwischen Adel und Bürgertum. Max Weber wird vor allem den preußischen Grundherrenadel scharf attackieren.

3. Nach Baumgartens Auffassung müßten an die Stelle «dilettantischer» Honoratioren, «welche sich nur nebenher mit der Politik beschäftigen», Staatsmänner treten, die der Politik ihre Lebensarbeit widmen: «Politik ist ein Beruf ... der höchste und schwierigste Beruf, dem sich der Mann widmen kann.» 1919 wird Weber das Thema «Politik als Beruf» in einem Vortrag aktualisieren und radikalisieren.

4. In dem Streit, der die liberale Bewegung in doktrinäre und oppositionelle «Fortschrittler» einerseits und die Bismarcksche Politik stützende Nationalliberale andererseits spaltete, stand Baumgarten damals auf der Seite des realpolitischen Mitmachens: «Der Liberalismus muß

regierungsfähig werden.»[95] Weber wird vielfältig, vor allem in den Zeiten des sinkenden Einflusses, zu den politischen Chancen des Liberalismus Stellung nehmen.

1882 weilte Max Weber mehrmals zu Besuch in Straßburg. In dieser Zeit war es zwischen Baumgarten und dem damals in Deutschland hoch angesehenen Historiker Heinrich von Treitschke zum Streit gekommen. Treitschkes im gleichen Jahr erschienener zweiter Band der «Deutschen Geschichte im 19. Jahrhundert» wurde von Baumgarten in einer Artikelfolge der «Allgemeinen Zeitung» sehr scharf attackiert. Sein Vorwurf lautete auf «nationale Überhebung» und zielte auf «die Neigung, alles Eigene zu verherrlichen, alles Fremde herabzusetzen»: «Wir fangen an, wissenschaftlich zu prahlen und auf wissenschaftliche Untersuchungen die nationale Eigenliebe ... wirken zu lassen.»[96] Im Januar 1883 sprach Hermann Baumgarten darüber mit Max Weber: *Der Onkel ... unterhielt sich mit mir sehr lebhaft ... über die Streitfrage mit Treitschke ... Schließlich dedizierte er mir ein Exemplar seiner Erwiderung, die ich mit großem Interesse las und, wenngleich sich gegen einiges doch mancherlei Einwendungen machen lassen, im ganzen für durchschlagend halten möchte.*

Dieser Brief skizziert das Verhältnis zwischen Weber und Baumgarten über den aktuellen Anlaß hinaus richtig: Der vereinsamte alte Mann hatte in Weber einen geduldigen und verständnisfähigen Zuhörer gefunden, der ihm in der Generallinie zustimmen konnte, ohne ihm kritiklos zu folgen. Viele Kollegen und Freunde wandten sich von Baumgarten ab; die Auseinandersetzungen pflanzten sich auch in der Familie fort: *Mit dem Onkel Hausrath geriet ich sofort in eine lebhafte Diskussion, indem er Onkel Hermann in einer wirklich unerhörten Weise angriff ... natürlich sämtliche Vertreter des konstitutionellen Prinzips unter dem Namen «Juden» zusammenfassend.*[97]

Trotz dieser spontanen Parteinahme für Hermann Baumgarten blieb Webers Urteil über Treitschke ambivalent. Einerseits stieß er sich an dessen Vorlesungen, weil Treitschke oft, wie *auch jetzt wieder in seinem Kolleg über Staat und Kirche, propagandistisch oder agitatorisch* auftrat, andererseits zählte er ihn zu denen, die *vom Standpunkt der prinzipiellen Trennung* von *Wertung* und *empirischer Erörterung* durch ihr leidenschaftliches Bekenntnis *am ehesten zu ertragen sind.*[98] Er schickte an Baumgarten die Gedichte Treitschkes; dort sei *der wirklich ideale Grundzug zu finden, der dem so vielfach unglücklichen Mann ... nie ganz abhanden* gekommen sei.[99] Es verhalte sich bei Treitschke wie bei Bismarck: *... wüßte die Nation den letzteren richtig zu behandeln und zu verwerten, im richtigen Augenblick ihm gegenüber fest zu bleiben und ihm da Vertrauen zu schenken, wo er es verdient ... so hätten die vielfach verwüstenden Wirkungen in seiner persönlichen Politik nicht diese Dimensionen annehmen können. Und wäre bei meinen Altersgenossen nicht an sich schon die Anbetung der militaristischen ... Rücksichtslosigkeit ... zeitgemäß, so würden die zahllosen oft schroffen Einseitigkeiten, die Leidenschaftlichkeit des Kampfes gegen andere Meinungen ... nicht das einzige sein, was sie aus den Treitschkeschen Kollegien mitnehmen.*[100]

Bismarck

Einseitigkeiten, Leidenschaftlichkeit des Kampfes gegen andere Meinungen – hier zeigte Weber eine hohe Sensibilität für jene Elemente, die seinen eigenen Charakter später stark bestimmen werden. Im übrigen stimmten die drei Disputanden Treitschke, Baumgarten, Weber auch in anderer Hinsicht überein: in der Idee vom mächtigen Nationalstaat, in der Ablehnung der deutschen Kleinstaaterei, in ihrer zeitweilig weitgehenden Achtung für Bismarck. Aus der Distanz betrachtet, die die Zeit zwischen sie und uns gelegt hat, könnte es manchmal scheinen, als stritten diese Männer sich nur, weil sie sich gleich sind, aber nicht ganz. Daneben bietet sich als Erklärung für die allerseits als übertrieben angesehene Schärfe der Baumgartenschen Polemik ein einfaches, aber ständig ignoriertes Faktum an: Treitschke war 1879 mit anderen Anhängern der Schutzzollpolitik aus der Nationalliberalen Partei ausgeschieden: die erste Abspaltung nach rechts, der die linke «Sezession» bald folgen sollte, und die beide die Wahlniederlagen der Nationalliberalen in den Reichstagswahlen von 1881 und 1884 vorbereiteten.

Bei Bismarck sind es ohnehin nicht die politischen Inhalte, woran Baumgarten und Weber sich reiben, sondern Fragen des Umgangs mit

Menschen und des politischen Stils. Hierin befand sich Weber auch mit seinem Vater *in Übereinstimmung ... die Art ... in der Bismarck alle fähigen und selbständigen Kräfte rings um sich zu vernichten bestrebt ist ... werde ... ein Chaos, ein unentwirrbares Menschengetriebe, dem die Triebkraft fehle, hinter sich lassen.* Es gab übrigens, ungefähr parallel zu der Korrespondenz der Männer, einen Briefwechsel zwischen den Frauen der Familie. Manchmal wurden die gleichen Themen berührt. Aber die Perspektive war anders, und sie darf gerade deshalb nicht unterschlagen werden. Ida Baumgarten an ihre Schwester Helene Weber (1881): «Bismarck gefällt mir nicht, die Welt gefällt mir nicht, unser alter Statthalter wird altersschwach – aber die Herren Professoren, die ihm ins Gesicht schmeicheln und dann Anekdoten erzählen, empören mich.»[101]

Das Studienjahr in Berlin – Webers viertes und fünftes Semester, wenn Straßburg außer acht bleibt – lief ruhiger, und, im Vergleich zu Heidelberg, intensiver ab: *Da ich einmal auf Kollegs zu sprechen gekommen bin, so will ich gleich versichern, daß ich hier ein ... fleißig zu nennender Student geworden bin ...* Die Lehrer waren hier unter anderen Theodor Mommsen, Heinrich von Treitschke, Otto von Gierke und der Handelsrechtler Levin Goldschmidt, bei dem Weber schließlich promovierte. Am stärksten muß ihn Rudolf Gneist beeindruckt haben; die Aufzählung dessen, was ihm bei Gneist zusagte, liest sich wie die Kurzfassung seines späteren Forschungsprogramms: *Gneists Kollegien über deutsches Staatsrecht und Preußisches Verwaltungsrecht sind ... nach Form und Inhalt ein wahres Meisterwerk ... Ich habe über Staatsrecht noch nie etwas gelesen und vortragen hören, was die Fragen desselben ... in so direkt praktischer Weise und unter Festhaltung des Zusammenhangs mit den nationalökonomischen und religiösen Elementen, welche auf die Staatsbildung und Ordnung von Einfluß sind, behandelt hätte.*[102]

Im gleichen Brief hob Weber hervor, daß Gneist in seinem *Kolleg ... direkt in Fragen der Tagespolitik hineinsteigt und die stramm liberalen Ansichten ... entwickelt ...* Gneist war ein im Kulturkampf gegen den politischen Katholizismus entschieden nationalliberaler Mann und es könnte sein, daß Weber auch in diesem Punkt von ihm beeinflußt worden ist. Baumgarten war als geborener Hannoveraner und der Wahl nach Südwestdeutscher hier eher moderat: «Erst muß der Protestantismus in Preußen wieder Protestantismus werden, ehe er Rom aus dem Felde schlagen kann.»[103] Als der Kulturkampf 1887 zu Ende ging, hielt Weber den Frieden nur für einen zeitweiligen Abbruch und zeigte sich, um einen später von ihm häufig gebrauchten Ausdruck hier auf ihn selbst anzuwenden, als echter Gesinnungsethiker: *Aber traurig ist dieser sang- und klanglose «Frieden» doch, und jedenfalls liegt ein Eingeständnis ... schweren Unrechts darin, wenn man heute sagt, der Kampf habe nur «politische» Gründe von unserer Seite aus gehabt. Wenn er für uns in der Tat keine Sache des Gewissens, sondern nur eine solche der Opportunität war ... hat ... nicht ... Gewissen gegen Gewissen gestanden. Wir ... sind auch moralisch die Geschlagenen, und das ... verhindert uns daran, jemals den Kampf so wieder aufzunehmen, wie er aufgenommen werden muß, wenn er zum Siege führen soll.*[104] 1909 hatte er dem Kampf noch nicht abgeschworen: *Sollte ich Zukunfts-Chancen abwägen, so haben m. E. zwei Mächte: der Bürokratismus im Staat und die virtuose Maschinerie der katholischen Kirche ... die denkbar günstigsten Chancen ... Mächte, die ich ... mit aller ... Kraft ... zu bekämpfen für ein Gebot meiner Menschenwürde halte ...*[105]

Das Wintersemester in Göttingen hat Weber der Referendarprüfung gewidmet. Die Vorbereitung bestand im wesentlichen aus dem Besuch juristischer Kollegien und Professorenvisiten. Wie es nun zuging, schilderte die Mutter: «Jetzt muß ja Referendar gemacht werden und wie er ist, sitzt der Max jetzt ganz drin und sieht nicht rechts noch links, hat auch ... beinahe alles sonstige Literarische beiseite geworfen.»[106] Ob es mit dem Examenslernen oder mit einer Mißachtung der Parteibasis zusammenhing, wie er *an einem Kommers der hiesigen Nationalliberalen* teilnahm – *es waren ... als wir hinkamen nur noch vier oder fünf sehr jugendliche Nationalliberale da, denn es war schon Morgen ... ich habe nachher Herrn Stadtrat Mithoff mein Bedauern ausgedrückt, daß seine Rede schon zuende gewesen sei, als wir kamen* – kann unentschieden bleiben.

Die üblichen Formen öffentlicher Geselligkeit waren und blieben ihm ein Greuel: *Innerhalb dieses Zeitraums kann man den allgemeinen Teil des Reichsstrafgesetzbuchs ganz durcharbeiten ... Da kann man mir über das Tanzen und seine Vorzüge sagen was man will ... «ultra posse nemo obligatur», also nur wenn man nicht mehr kann, darf man aufhören – und selbst diese Grenze berücksichtigen die jungen Damen ... nicht immer.*[107] Retrospektiv gab Marianne Weber, seine Frau, diesem Verhalten eine zuverlässige Deutung: «Diese Form jugendlichen Beisammenseins vermittelt ihm ... niemals ein gesteigertes Lebensgefühl ... Er ist eben unempfänglich für das, was die Jugend ... bei solchem Vergnügen sucht: das erotische Spiel.»[108] Was aber setzte er an dessen Stelle, außer Arbeit? *... in geselliger Beziehung beschränkt sich meine Leistungsfähigkeit ... auf das Zusammensein mit guten Gesellen bei einem guten Trank ... und das ist auch, gestehe ich offen, die Form des Zusammenseins außerhalb der Familie ... die mich am meisten anspricht.*[109]

Im Juni 1886 legte Weber das Referendarexamen ab und kehrte in das Elternhaus zurück – für die nächsten sieben Jahre. Der Lebenszuschnitt hatte sich dort inzwischen geändert, die Villa war 1885 vergrößert worden. Durch den Tod der Heidelberger Großmutter (1881) und eines Onkels von der reichen Souchay-Seite war das Vermögen *nach damaligen Begriffen sehr groß, zumal Papa daneben 12000 Mark Gehalt hatte, also ca. 34000 Mark einnahm*[110]. Dieses Einkommen brachte dadurch Verdruß in die Familie, daß Weber sen. die Verfügungsgewalt beanspruchte, obgleich es zum größten Teil aus dem Erbe der Frau erwuchs, die sich gedemütigt fühlte.[111] Der Mann nahm ihre caritative Gastfreundschaft, die sie armen Berliner Mädchen angedeihen ließ, für Bigotterien, von der Schwägerin Ida inspiriert.

Durch den Sohn Karl kamen erzieherische Probleme auf. Ein Mentor in der Person eines Theologen sollte sie lösen helfen. Dieser junge Mensch wurde für Helene Weber zum Sohnersatz, den der Vater nicht dulden mochte und aus dem Haus trieb. Mit großer Geduld ertrug Max Weber *die Zeit dieser schwierigen Konflikte: ... daß uns Herr Voigt ... verlassen hat, das ist mir in erster Linie meiner Mutter wegen recht leid, denn sie traf mit ihm in manchen uns ... ferner liegenden Interessen, besonders kirchlicher Art, so gut zusammen. In zweiter Linie ist er doch für uns alle ein rechter Verlust, denn er war wirklich ein selten taktvoller ... Mensch, unbefangen und ohne Phrase ...*[112] Spätere Aussagen zeigen, daß in Max Weber sich damals mehr vollzog, als nach außen sichtbar wurde: *Die schlimmen Briefwechsel, die daraus entstanden, haben ... auch mich Papa zuerst völlig entfremdet.* Damals aber konnte er sich über die Familienspannungen nur in Briefen an die ferne Freundin und Cousine aussprechen; Emmy war inzwischen zusammen mit ihrer Schwester Anna in einem psychiatrischen Heim in Stuttgart untergekommen. An sie schrieb Weber: *Es wäre das ... von nicht so großem Belang, wenn nicht offenbar meine Mutter im Laufe der Jahre manches sehr viel schwerer nähme ...: Mein Vater war von jeher sanguinisch, und seine Stimmung ist oft ... jähem Wechsel ausgesetzt; im Gegensatz zu früheren Jahren macht ein solcher Wechsel jetzt auf meine Mutter oft einen wirklich tiefgehenden schmerzlichen Eindruck ... Ich bin S o h n im Hause, und Du wirst ... zugeben, daß es dieser Stellung nicht entsprechen und das Familienleben nicht fördern würde, wenn ich mich anders als indirekt einmischte.*[113]

Was die hochbrisanten politischen Probleme der Zeit angeht, so war der Vater immer weniger, der väterliche Freund und Onkel Hermann Baumgarten immer mehr zum ständigen Adressaten geworden. In der Korrespondenz mit diesem löste sich Weber von dem behäbig-selbstzufriedenen Stil der väterlichen Realpolitik. Er ließ sich von Baumgarten die Augen öffnen, ohne ihm in den Pessimismus zu folgen. Auch Weber klagte über *die Spaltung des Liberalismus*, über *die Dekadenz unserer Parteiverhältnisse*[114] überhaupt, aber unter dem Grobzeug der Altersgenossen sah er plötzlich hoffnungsstiftende Leute aufwachsen: *Gewiß gibt es unter ihnen zahlreiche blasierte Gesellen ... viele Idealisten, welche durch Treitschke in einen mystischen nationalen Fanatismus geraten sind, andere ... welche den vermeintlichen Realismus der neuesten Schule sich angeeignet haben ... Aber es gibt doch andere Elemente unter ihnen – und ich habe allmählich die Überzeugung gewonnen, daß dies die einzigen über sich selbst klaren und energischen und deshalb für die Zukunft die herrschenden sind, – welche den Antisemitismus und die verwandten Auswüchse der letzten Jahre abgeschüttelt haben, auf einem wesentlich anderen Boden stehen als der Nationalliberalismus der siebziger Jahre ... Sie sind meist in erster Linie Nationalökonomen und Sozialpolitiker ... Die unleugbare Tatsache nun, daß dem Liberalismus der siebziger Jahre die sozialen Aufgaben des Staates ... hinter anderen zurücktraten, daß man bei den Liberalen die soziale Gesetzgebung auch jetzt mit einem ... nur passiven Mißtrauen über sich ergehen läßt ... das veranlaßt diese Politiker, die nationalliberale Ära lediglich als einen Übergang zu größeren Aufgaben des Staates zu betrachten ... Die stark bürokratische Ader, welche dieser «Schule» ... eigen ist, wird sich ... mildern ... so kann ich nicht glauben,*

Gustav Schmoller

daß auf die D a u e r *– für die nächste Zukunft kann das cäsaristische Regiment* Bismarcks *nicht ohne alle Nachwirkung bleiben – ein Niedergang unseres Beamtentums und des Geistes unserer politischen Auffassung eintreten wird.* Bereits sieben Monate früher, Ende September 1887, hatte Weber dem Onkel berichtet, *daß er gelegentlich in eine Gesellschaft junger Nationalökonomen ... in erster Linie manchesterfeindlich* komme, auch Historiker seien dabei, mit denen er sich manchmal auch *gehörig gezankt* habe.[115] Jetzt war doch eine Identifikation zu spüren. Anders gesagt: Max Weber hatte sich den «Kathedersozialisten» und dem «Verein für Sozialpolitik» genähert.

Dieser Verein vertrat eine volkswirtschaftliche Richtung, die staatliche Eingriffe ins Wirtschaften für gut hielt, vor allem, wenn sie in der Absicht geschehen, Klassengegensätze abzubauen. Eine politische Tätigkeit im Sinne von Parteipolitik war damit nicht verbunden. Die Gründerväter Adolf Wagner, Gustav Schmoller, Lujo Brentano standen fest im bürgerlichen Lager. Jedenfalls war der Verein keine politische Heimat im Sinne unmittelbar praktisch-parteilicher Orientierung. So schloß auch Webers Interessenübereinstimmung mit den Kathedersozialisten nicht aus, stand nicht in Widerspruch zu der Tatsache, daß er, wie er mehrfach betont hat, bei seiner ersten Wahl – vielleicht 1890 – konservativ wählte und um diese Zeit auch anderweitig mit den Konservativen sympathisierte.[116]

Die praktische Gerichtsbarkeit während des Referendariums gab Weber Selbstvertrauen und die ihm gestellten Aufgaben löste er nicht ungern. Trotzdem hielt er Verbindung zur Universität, besonders mit den Seminaren von Levin Goldschmidt. Im Januar 1888 wurde die Absicht zur Promotion gefaßt: *Es geht ... um eine kleine Arbeit für das Goldschmidtsche Seminar, aus welcher vielleicht bei gründlicher Durcharbeitung sich eine Dissertation entwickeln könnte ... Das Objekt war die Entwicklung der vermögensrechtlichen Stellung der offenen Handelsgesellschaften ...*[117] Tatsächlich legte er im Frühjahr 1889 eine Dissertation über die *Entwicklung des Sondervermögens der offenen Handelsgesellschaften* ... vor; dies war nur ein Abschnitt aus einer bald folgenden Publikation *Zur Geschichte der Handelsgesellschaften im Mittelalter*, die lange Zeit für seine Doktorarbeit gehalten wurde. Die Absicht zur Habilitation stand bald darauf ziemlich fest. Aber sie ließ sich wie üblich nicht auf dem kürzesten Weg verwirklichen. Schließlich wird die Arbeit über *Die römische Agrargeschichte* als Habilitationsschrift angenommen und ihm das Recht der Lehre für römisches, deutsches und Handelsrecht im Frühjahr 1882 verliehen.[118]

An die Zeit davor hat er keine gute Erinnerung bewahrt: *Nur mit Grausen kann ich auf einen großen Teil der Referendarsjahre zurückblicken. Es gibt kaum etwas Peinlicheres, als jahrelang nur mit der halben Arbeitskraft ... in Anspruch genommen zu sein ... und ... diese vierjährige wüste Pilgerfahrt durch energischere Tätigkeit um keine Minute abkürzen zu können ... Jetzt ist wenigstens dieser widerwärtige Übergangszustand überwunden ...*[119]

Anders als die Väter

Marianne Schnitger, am 2. August 1870 in Oerlinghausen (Lippe) geboren, kam gegen Ende des Jahres 1890 zum erstenmal nach Berlin. Für ein paar Winterwochen war ihr erlaubt worden, die kinderreiche Familie der Tante, in die sie aufgenommen worden war, zu verlassen, und zu den entfernten Verwandten in Charlottenburg zu reisen. Die Verwandtschaft lief über ihren Großvater Karl Weber; er war der älteste Bruder des Berliner Hausvorstandes Max Weber sen. Das Mädchen muß bei ihren Gastgebern gut gelitten gewesen sein, denn sie waren bereit, es anderthalb Jahre später, als es zur Fortbildung in die Hauptstadt gehen durfte, auf längere Dauer in ihr Haus aufzunehmen.

Marianne war, bevor sie nach Berlin kam, den steinigen Weg der nicht gerade verstoßenen, aber herumgestoßenen Halbwaisen gegangen. Ihre Mutter, Tochter des wohlhabenden Oerlinghausener Verlegers, hatte den ortsansässigen Arzt Eduard Schnitger geheiratet. Sie starb bei der Geburt des zweiten Kindes. Der Vater, ein ruheloser und zur Einsamkeit drängender Mann, konnte die Kinder nicht bei sich behalten. Marianne wurde in das Haus der Großmutter Schnitger, einer Schuldirektorswitwe in Lemgo, gegeben; trotz der warmen Fürsorglichkeit ein Haus des Grauens, der «furchtbaren Töne und Bilder»[120]. Zwei der ebenfalls hier hausenden Brüder des Vaters fielen in den Irrsinn im Beisein des Kindes. Mit siebzehn Jahren durfte Marianne zwei Jahre lang auf Kosten des Großvaters Weber ein vornehmes Bildungsinstitut besuchen; mit neunzehn wurde sie von der Schwester der Mutter in Oerlinghausen aufgenommen.

Kurz bevor Marianne Schnitger nach Charlottenburg kam, war die ältere Tochter der Gastgeber, Klara, ins Oberhessische abgereist, um dort die Haushaltsführung zu erlernen. Die jüngere, Lilli, war mit zwölf Jahren noch nicht groß genug, um dem Bedürfnis von Helene Weber nach einer Herzensvertrauten zu entsprechen. Die arme Verwandte aus dem Teutoburger Wald kam im rechten Moment, um, bei Eignung, in die Freistelle zu rücken.[121]

Helene Weber schenkte nach kurzer Zeit schon der Ziehtochter so viel Vertrauen und Liebe, daß sie einem im Haus verkehrenden jungen Mann, als der sie um die Hand Mariannes bat, gern zustimmte, allerdings ohne die Betroffene davon in Kenntnis zu setzen. Diese wiederum hatte von Beginn ihres zweiten Aufenthalts in Berlin an eine stetig wachsende

Liebe zu Max Weber empfunden. Jetzt stand sie für ihre Neigung zum Sohn des Hauses ein.

Es spielte auch noch das «Verlöbnis» mit Emmy Baumgarten eine Rolle, obwohl Max Weber bei einem Besuch im Stuttgarter Heim das Ganze als freundschaftliche Beziehung aufgeklärt hatte. Der rigorose Geist des Hauses forderte Entsagung von allen Seiten und nach allen Seiten. Marianne mußte heimreisen. Mit einem Brief, der in der deutschen Literatur vermutlich nicht seinesgleichen hat, weil er in seiner hilflosen Metaphorik an keiner Stelle auszusprechen vermag, was gesagt werden müßte, rief Max Weber sie zurück:

Lies diesen Brief, Marianne, wenn Du gefaßt und ruhig bist, denn ich habe Dir Dinge zu sagen, welche zu hören Du vielleicht nicht vorbereitet bist. Du glaubst ... wir seien miteinander am Ende, und ich würde Dich auf den stillen und kühlen Hafen der Resignation verweisen, in welchem ich selbst seit Jahren vor Anker gelegen habe. Aber dem ist nicht so. –

Die Eltern von Marianne Weber, geb. Schnitger: Dr. Eduard Schnitger und Frau

Max und Marianne Weber nach der Trauung, 1893

Zunächst eines: verstehen wir uns irgend, wo brauche ich Dir nicht zu sagen, daß ich niemals einem Mädchen meine Hand zu bieten wagen werde wie ein freies Geschenk, – nur wenn ich selbst unter dem göttlichen Zwang der vollen bedingungslosen Hingabe stehe, darf ich sie auch meinerseits fordern und annehmen ...

Du siehst nicht, wie ich mühsam und mit wechselndem Erfolge die elementaren Leidenschaften zu zügeln suche, welche die Natur in mich gelegt hat; aber frage meine Mutter ... Seit Jahren hat mich niemals der Gedanke berührt, daß das reiche Herz eines Mädchens meinem nüchternen Wesen nahe kommen könnte, deshalb war ich blind ...

Als ich nun die Neigung meines Freundes zu Dir wachsen sah und zu erkennen glaubte, daß Du sie erwidertest, vermochte ich mir nicht zu erklären, warum ... ein schweres dumpfes Gefühl, wie von Trauer mir kam ... Ich hielt es fur die selbstische Empfindung dessen, der resigniert hat, beim Anblick fremden Glückes und unterdrückte es. Aber es war etwas anderes. Du weißt was. Über meine Lippen darf das Wort nicht kommen, denn ich habe eine doppelte Schuld an die Vergangenheit zu zahlen und weiß nicht, ob ich es kann ...

Und nun frage ich Dich: Hast Du Dich innerlich losgesagt von mir in diesen Tagen? ... W e n n n i c h t , d a n n i s t e s z u s p ä t , wir sind dann aneinander gebunden, und ich werde hart gegen Dich sein und Dich nicht schonen. Ich sage Dir: ich gehe den Weg, welchen ich muß und den Du jetzt kennst. – Und Du wirst ihn mit mir gehen ... Darum prüfe uns beide.

Aber ich glaube, ich weiß wie Du entscheidest. Hoch geht die Sturmflut der Leidenschaften, und es ist dunkel um uns, – komm mit mir, mein hochherziger Kamerad, aus dem stillen Hafen der Resignation, hinaus auf die hohe See, wo im Ringen der Seelen die Menschen wachsen und das Vergängliche von ihnen fällt. Aber b e d e n k e : im Kopf und Busen des Seemanns muß es klar sein, wenn es unter ihm brandet. Keine phantasievolle Hingabe an unklare und mystische Seelenstimmungen dürfen wir in uns dulden. Denn wenn die Empfindung Dir hoch geht, mußt Du sie bändigen, um mit nüchternem Sinn Dich steuern zu können.

Gehst Du mit mir, so antworte mir n i c h t . Dann werde ich Dir, wenn ich Dich jetzt wiedersehe, still die Hand drücken und die Augen nicht vor Dir niederschlagen, und Du sollst es auch nicht tun.

Lebe wohl, schwer legt sich das Leben auf Dich, Du mißverstandenes Kind, – ich sage Dir jetzt nur: Ich danke Dir für den Reichtum, den Du meinem Leben gegeben hast, und meine Gedanken sind bei Dir. Und nun noch einmal: Komm mit mir, ich weiß Du kommst.[122]

Für Marianne Schnitger kam bis zur Verlobung noch eine spannungsreiche Zeit: Ida Baumgarten und Helene Weber betrieben davor noch eine klärende Korrespondenz. Nach der Verlobung mußte Weber noch in Straßburg vorstellig werden. Danach erst konnte er sich die neue Rolle zurechtrücken: *Ich bin ein seltsam viel reflektierender und in manchen Beziehungen über meine Jahre hinaus alt gewordener Bräutigam. Damit muß meine Braut ... Nachsicht üben.*[123] An der Hochzeit, die am 20. September 1893 in Oerlinghausen stattfand, nahm ein weiter Familienkreis teil.[124]

Max Webers steigendes Interesse an den Fragen der Sozialpolitik, wie es sich äußerte in seiner Annäherung an den Verein für Sozialpolitik, war das Resultat einer persönlichen Entwicklung, in der sich die Geschehnisse der Zeit spiegelten. Die rasante Entwicklung des Industriekapitalismus in der zweiten Hälfte des 19. Jahrhunderts konfrontierte die deutsche Innen- und Sozialpolitik mit bisher unbekannten Problemen. Die neu entstandene Klasse der Industriearbeiterschaft hatte sich nicht nur quantitativ vergrößert, sondern war durch Organisation selbstbewußter und stärker geworden: die 1890 wiedergegründete Sozialdemokratische Partei Deutschlands erreichte in den Reichstagswahlen von 1890 einen Stimmenanteil von 19,8 Prozent, den sie innerhalb des Jahrzehnts (1893 = 23,3; 1898 = 27,2) wesentlich steigerte: die Anzahl der Mandate stieg von 35 über 44 auf 56.[125] Eine Koalition der demokratischen Kräfte, wie sie in England zeitweilig möglich gewesen ist, war in Deutschland nicht zu erwarten: es blieb bei der Spaltung in liberaldemokratische Bürger und sozialdemokratische Arbeiter.[126] Der *Klassenkampf*, den Max Weber als *integrierenden Bestandteil* der Industriegesellschaft ansah[127], hatte in den zwischen 1878 und 1890 verhängten Bismarckschen Sozialistengesetzen seinen einstweiligen Höhepunkt erreicht. Weber hatte sich dazu in einem Brief von 1884 an Baumgarten geäußert: *Interessant sind die Erfolge der Sozialdemokraten allenthalben erschienen. Wirkung tut eben das Sozialistengesetz in dieser Beziehung offenbar nicht. Will man es rechtfertigen, so muß man sich wohl auf den vielleicht nicht ganz unrichtigen Standpunkt stellen ... daß ohne dasselbe eine ganz erhebliche Einschränkung ... der Redefreiheit, Versammlungs- und Vereinigungsrechte überhaupt unvermeidlich wäre. Die Sozialdemokraten waren eben doch im Begriff, fundamentale Einrichtungen des öffentlichen Lebens durch ihre Agitationsweise gründlich zu kompromittieren ... Mir möchte im stillen freilich manchmal erscheinen, als ob das allgemeine Recht für alle doch allem anderen vorginge, und man eben doch lieber allen einen Maulkorb vorbinden als einige ganz in Ketten legen sollte ...*[128]

Die Erfolge der Sozialdemokraten, die Spaltungen des liberalen Lagers, das erwachende Interesse bürgerlicher Wissenschaftler wie der «Kathedersozialisten» an den sozialen Problemen sind, isoliert betrachtet, nur Signale einer als spannungsreich erfahrenen allgemeinen Situation: Die oft als «Große Depression» bezeichnete europäische Wirtschaftskrise zwischen 1873 und 1896 warf auch auf Deutschland ihre Schatten. Die Industrie konnte die vom Land zuströmenden Arbeitskräfte nicht auffangen; so kam es um 1890 mit etwa 1,25 Millionen Auswanderern in einem Jahrzehnt zur größten Emigrationswelle Deutschlands überhaupt.[129] Dies war die Folge der Krise mit dem gegenüber der Gründerzeit verlangsamten Wachstum der Investitionen, mit ihren verminderten Absatzchancen, der reduzierten Rentabilität aller Unternehmen, dem langsameren Ansteigen des nationalen Realeinkommens.[130]

Die Krise brachte zwar eine Verlangsamung des Wachstums, hielt aber die Industrialisierung nicht auf. Was sich für die Industrie als konjunkturelle Schwäche auswirkte, brachte gleichzeitig die Landwirtschaft in eine Strukturkrise. Verschiedene Gründe spielten dabei eine Rolle: der deutsche Getreideabsatz auf dem Weltmarkt ging zurück, weil überseeische Produzenten (vor allem in USA) ihren Anteil ausdehnten. Zur selben Zeit stieg die deutsche Getreideeinfuhr aus Rußland und Österreich an. Erst diese Umstände machten die Großagrarier, bisher Anhänger des Freihandels, zu Freunden der dann 1879 durchgesetzten Schutzzollpolitik. Die Steigerung der Produktivität je Person in der Landwirtschaft flachte im Vergleich mit der Industrie um die Jahrhundertwende stark ab.[131] Die Nominallöhne stiegen auch während der Großen Depression kräftig an, aber die Landwirtschaft konnte nicht mithalten. Landflucht setzte in Gang, was man Urbanisierung nennt. Die Bevölkerung Deutschlands verteilte sich innerhalb von 40 Jahren auf die Gemeinden verschiedener Größen neu. Von 100 Personen der Gesamtbevölkerung wohnten in Gemeinden von der Größe[132]

Jahr \ Einwohnerzahl	2000–4000	5000–20000	20000–100000	über 100000	unter 2000
1871	12,4	11,2	7,7	4,8	63,9
1910	11,2	14,1	13,4	21,3	40,0

Um 1890 überholte die industrielle Gesamtproduktion mit einem Volumen von 6,9 Milliarden Mark die Landwirtschaft mit einem Stand von 5,1 Milliarden Mark. Damit hatte die landwirtschaftliche Produktion ihre Führungsrolle eingebüßt. Deutschland war ein Industriestaat geworden.

In dieser Situation entschloß sich 1890/91 der Verein für Sozialpolitik zu einer Untersuchung der Sozialverhältnisse der Landarbeiter. Max Weber verfügte, sieht man von der agrargeschichtlichen Habilitationsschrift ab, auf diesem Gebiet bisher nur über Kenntnisse, die er durch eigene Anschauung gewonnen hatte. Das Straßburger Regiment war 1888 nach Posen verlegt worden. Weber mußte nun dort seine Reserveoffiziersübungen ableisten. Im August teilte er von dort unter anderem Folgendes mit: *Liebe Mutter! Die Gegend, wohin ich mit dem Landrat Nollau fahren werde ... sind die Güter der preußischen Ansiedlungskommission, wo man bemüht ist, auf mit Staatsmitteln angekaufte Rittergüter deutsche Bauern-Dörfer zu gründen. Herr Nollau hat speziell viel damit zu tun.*[133] Dieser Besuch bestimmte das agrarhistorische Interesse Webers so stark, daß es ihn künftig auch auf seinen größeren Auslandsreisen begleiten wird. Er lenkte außerdem seine agrarpolitische Aufmerksamkeit in eine aktuelle und brisante Richtung, die er bis in seine Lösungsvorschläge zur Polen-Frage am Ende des Weltkriegs nicht mehr aufgab. Bei der vom Verein für Sozialpolitik in Auftrag gegebenen Untersuchung entwarf Weber nicht nur den Fragebogen, sondern er nahm die Forschungsarbeit eines wichtigen und problematischen Teils selbst in die Hand: *Die Lage der Landarbeiter im ostelbischen Deutschland.* Die Fragebogen wurden an 3180 Gutsbesitzer verschickt, 2277 kamen zurück und gingen mit ihren Angaben in die Untersuchung ein. Von 562 zusätzlichen Ergänzungsbögen kamen 291 zurück. Die Anschriften der Gutsbesitzer waren von regionalen Vereinigungen mitgeteilt worden.[134] Auch wenn die Befragung keine Aussagekraft im Sinne der methodisch ausgefeilten heutigen empirischen Sozialforschung beanspruchen kann, die Resultate schienen interessant genug. Kurz zusammengefaßt handelte es sich um Auskünfte über den Wandel der Produktionsweise, über die tiefgreifenden Änderungen im Verhältnis von Gutsbesitzern und Landarbeitern und um die Folgen für die Zusammensetzung der ostelbischen Landarbeiterschaft insgesamt.

Weber konstatierte mit einer an Karl Marx erinnernden Unerbittlichkeit die Stringenz des Wandlungsprozesses: *Es arbeiten beide Teile, Arbeiter und Arbeitgeber, nach der angedeuteten Richtung hin, und der einzelne Arbeitgeber handelt lediglich in Konsequenz der nun einmal mit zwingender Gewalt sich gestaltenden Verhältnisse. Will er unter den jetzigen Konkurrenzverhältnissen und bei der Schwierigkeit des Arbeitsmarktes bestehen, so kann er nicht anders verfahren.* Die schlimme Folge ist eine *zum Teil hoffnungslose Lage des landwirtschaftlichen Großbetriebs im Osten ... Aber eben weil ... seine Existenz hoffnungslos ist oder doch nur auf Kosten der Lebensinteressen der Nation gefristet werden kann, ist der Entschluß unausweichlich, die im Fluß befindliche Entwicklung von Seiten des Staates in die Hand zu nehmen und in diejenigen Bahnen zu lenken, welche den sozialen Verhältnissen entsprechen.* Die *unbewußte Teleologie, welche den sozialen Verhältnissen innewohnt,* ist der Feind *einer hohen Lebenshaltung der Arbeiter.* Die deutschen Arbeitskräfte wandern ab. Dabei handeln sie nicht im Sinne eines rein am Lohn orientierten Interesses: *Vom Interessenstandpunkt des Arbeiters aus gipfelt die «ländliche Arbeiterfrage» darin: ob nach oben Luft geschaffen werden und die Möglichkeit eines Aufsteigens zu selbständiger Existenz geboten werden kann.* Anders gesagt: *Es ist der gewaltige und rein psychologische Zauber der «Freiheit» ... Zum guten Teil handelt es sich um eine grandiose Illusion ... In erster Linie verlangt* der Arbeiter *für sich, selbst seines Glückes ... Schmied zu sein. Dieser Zug der modernen Welt ist das Produkt einer psychologischen Entwicklung von allgemeinem Charakter ...*[135]

Wird diesem Zug nicht Rechnung getragen, werden immer mehr deutsche Landarbeiter abwandern. Denn: *Diesen Existenzbedingungen sich zu fügen, vermögen diejenigen besser, welche an die Stelle der Deutschen treten: die polnischen Wanderarbeiter, Nomadenzüge, welche ... im Frühjahr zu Zehntausenden über die Grenze kommen, im Herbst wieder abziehen.* Aber nicht nur die Landarbeiter, auch die deutschen Kleinbauern räumen das Feld und überlassen es den anspruchsloseren Polen; denn unter den gegebenen Bedingungen *ist hier derjenige am wenigsten durch die Ungunst des Marktes bedroht, der seine Produkte dahin bringt, wo sie durch den Preissturz am wenigsten entwertet werden: in seinen eigenen Magen, –* der also *für seinen Eigenbedarf produziert ...* Für den Staat ist zweierlei die Folge: *Die ökonomischen Fundamente ... des alten Grundadels schwinden, er selbst wird zu etwas anderem als er war.*[136] Und es wird *mit dem Deutschtum und der Wehrkraft des sich entvölkernden Ostens auch das zur Kolonisation berufene Menschenmaterial verlorengehen*[137].

Um 1890 kam Max Weber über die Verbindungen, die sowohl die Mutter als auch der Vetter Otto Baumgarten schon längere Zeit unterhielten, mit einem Kreis politisch interessierter evangelischer Theologen zusammen. Von dorther inspiriert, nahm er an dem noch von dem Hofprediger Adolf Stöcker ins Leben gerufenen ersten evangelisch-sozialen Kongreß teil. Dort trat Friedrich Naumann erstmals in den Blick der Öffentlichkeit.[138] Anfangs fühlte sich Weber mehr von Naumanns Freund Paul Göhre, evangelischer Pfarrer wie jener, angezogen. Göhre war gerade durch eine Schrift «Drei Monate Fabrikarbeiter» bekannt geworden, und er gab die «Christliche Welt» heraus. Bei diesem «Evangelisch-lutherischen Gemeindeblatt für Gebildete aller Stände» wurde Weber Mitarbeiter, und dort verteidigte er Göhre gegen die evangelische Kirchenleitung und deren *spießbürgerliche Vorstellung, daß in der Arbeiterklasse finstere und geheimnisvolle Mächte am Werk seien*[139]. Die sich mit Naumann anbahnende Freundschaft dauerte bis zu dessen Tod 1919, obgleich Weber sich nie so entschieden mit dessen politischen Aktivitäten solidarisierte, wie Naumann es sich wünschte. Bei aller Sympathie für die Lauterkeit dieses Mannes unterzog Weber dessen Ideen einer strengen Kritik, wenn er sie für widersprüchlich oder wirklichkeitsfremd hielt. So hob Weber in der ausführlichen Analyse einer Naumannschen Aufsatzserie programmatischen Charakters zwar beifällig hervor, daß sich Naumann von der Stöckerschen Grundhaltung befreit habe: *Die stillschweigende Voraussetzung der christlich-sozialen Bewegung älterer Observanz, daß «Thron und Altar» auf der Schulter des Großgrundbesitzers und des Handwerks am sichersten ruhen, ist für ihn ein überwundener Standpunkt.*[140] Dann aber zerrte er alle institutionellen und begrifflichen Ungereimtheiten hervor. Vor allem zeigte er die Schwierigkeiten auf, die kapitalistische Herrschaftsverhältnisse einem moralisierenden, ethisch oder religiös begründeten Urteil bieten: *Das Charakteristikum der modernen Entwicklung ist der Wegfall der persönlichen Herrschaftsverhältnisse als Grundlage der Arbeitsverfassung und damit der subjektiven, psychologischen, einer religiös-ethischen Deutung und Ausprägung zugänglichen Voraussetzungen der Abhängigkeit der beherrschten Klassen. Im Handwerk, in der Arbeitsverfassung der Landwirtschaft ... ist die psychologische Unterlage für ein Unterwerfungsverhältnis, wie es jedes Arbeitsverhältnis ist, die persönliche, individuelle Beziehung zum Herrn ... Die moderne Entwicklung aber setzt an die Stelle dessen zunehmend die unpersönliche Herrschaft der Klasse der Besitzenden ... und beseitigt damit die Möglichkeit, das Verhältnis der Herrschenden zu den Beherrschten ethisch und religiös zu erfassen ... Es stehen sich ... kampfbereite Klassen gegenüber, bei denen die sittlich-religiöse Einwirkung auf das Individuum vorerst versagt.*[141] Wenn Weber hier auch hinsichtlich der traditionalen Gesellschaft Herrschaft und deren Vermittlungsform nicht klar genug scheidet, in seiner Beurteilung der Schwierigkeiten *der Praktikabilität des Kampfes gegen die Kapitalkonzentration* ist er der Realität weit näher als der Naumannsche *miserabilistische Gesichtspunkt.*[142] Nebenbei gesagt stellt sich Weber hier auch schroff gegen die religiös-caritative Motivation seiner Mutter, die zusammen mit Ida Baumgarten Naumanns unglückliche Kandidaturen zeitweilig mitfinanzierte.[143]

Der 5. Evangelisch-soziale Kongreß machte 1894 in Frankfurt ebenfalls die Landarbeiterfrage zu seinem Thema. Weber und Göhre hatten eine zweite Untersuchung in Gang gesetzt, die sich an Geistliche wandte und deren Ergebnisse zum Teil 1899 publiziert worden sind. Soweit es darin um die ostelbischen Verhältnisse ging, haben die beiden Resultate dieser Untersuchung in Frankfurt vorgetragen. Weber schloß seine Erkennt-

Freiburg, Schillerstraße. Webers Wohnhaus 1893–97

nisse zusammen in einem Aufruf an die junge Generation, sich anders als ihre Väter den Herausforderungen der Nation zu stellen: ... *es ist der schwere Fluch des Epigonentums, der auf der Nation lastet ... Wir können die naive enthusiastische Tatkraft nicht wieder aufleben lassen, welche die Generation vor uns beseelte, weil wir vor Aufgaben anderer Art gestellt sind, als unsere Väter es seinerzeit gewesen sind.*[144] Beide Untersuchungen sind sowohl hoch gelobt als auch hart kritisiert worden, so zum Beispiel auf der Tagung des Vereins, wo vor allem methodische Bedenken geäußert wurden. Ein Disputant hielt Weber vor, er fälle sein Urteil «mit hohem nationalen Schwung, aber doch vielleicht mit mangelhafter Unterlage». Daraufhin geriet Weber so in Harnisch, daß er die Worte *Mensur* und *Satisfikation* mit kränkender Absicht in die Debatte warf.[145] Die dem Evangelisch-sozialen Kongreß folgende Diskussion war offen politisch:

die «Norddeutsche Allgemeine Zeitung» bezeichnete den Kongreß «als eine willkürlich nach Ort und Zeit zusammengewürfelte, stark agitatorisch angelegte Versammlung», die nur Schaden anrichten könne.[146]

In den neunziger Jahren richtete sich der Argwohn der unter wirtschaftlichen Druck geratenen Agrarier gegen die Börse, vor allem gegen die Getreide-Termingeschäfte. Diesen Konservativen war die Börse das Symbol des ihnen bedrohlich erscheinenden Kapitalismus, wobei in ihrer Kritik stark antisemitische Töne mitschwangen. Nach Max Webers Auffassung litt die öffentliche Diskussion an *einer grenzenlosen Oberflächlichkeit*, wie sie *nur der Unverstand oder der Interessengegensatz* hervorbringen. Sie erzeugen die Vorstellung, daß die Börse ihrer *Natur nach eine Art Verschwörerklub zu Lug und Betrug auf Kosten des redlich arbeitenden Volkes darstellen müsse und deshalb am besten irgendwie vernichtet würde*... Dies aber sei – so setzte Weber dagegen – schlechthin unmöglich in einer Gesellschaftsordnung, die unter den Gesetzen des Güteraustausches lebt, nämlich der modernen. Hier gelte der Satz: *Nicht die Güter bringt der einzelne hervor, die er selbst verbrauchen will, sondern solche, welche nach seiner Voraussicht andere gebrauchen werden, und jeder einzelne verzehrt nicht die Produkte seiner eigenen, sondern fremder Arbeit.* Da aber weder über die Organisation noch über den Zweck, noch über die Realität des Börsenverkehrs der Öffentlichkeit Hinreichendes bekannt war, entschloß sich Weber zu einer Schrift, die *zur ersten Orientierung für solche, die den geschilderten Dingen ... fernstehen,* bestimmt war. Diese Darstellung *Die Börse* erschien 1894 in der von Friedrich Naumann herausgegebenen Göttinger Arbeiter-Bibliothek[147], und sie ist der Abhub einer ersten Selbstverständigung Webers. Danach äußerte sich Weber noch oft zu diesem Thema, vor allem zu dem, was eine 1892 und 1893 tagende Börsenenquete-Kommission zusammentrug. 1896 wurde er zu den Beratungen des Börsenausschusses eingeladen; seine Teilnahme hatte einstweilen wenig Erfolg, denn der Terminhandel mit Getreide war an der Berliner Warenbörse von 1896 bis 1908 verboten.

Inzwischen entschied sich Max Webers beruflicher Werdegang. Nach der Habilitation stand die Teilhabe an einer Anwaltspraxis zur Debatte. In einem Brief an Hermann Baumgarten – dem letzten vor dessen Tod im Juni 1893 – berichtete er, daß er *in Vertretung eines Rechtsanwalts beim Kammergericht* tätig sei.[148] Solche Überlegungen wurden überflüssig, als er die Lehraufgaben des schwer erkrankten Levin Goldschmidt übernahm, was ihm Vorlesungen in Handels- und Wechselrecht abverlangte. Im gleichen Jahr noch wurde er in Berlin zum außerordentlichen Professor ernannt, und zwar innerhalb der juristischen Fakultät. Doch hatten sich seine Interessen mehr in die wirtschaftswissenschaftliche Richtung verlagert. Daher folgte er 1894 einem Ruf nach Freiburg auf einen nationalökonomischen Lehrstuhl. Ins zweite Semester der Freiburger Zeit (Sommer 1895) fiel seine Antrittsvorlesung, von der er selbst sagte, daß sie *Entsetzen über die Brutalität meiner Ansichten erregt* hat.[149] Gemeint ist sein Bekenntnis zum nationalen Machtstaat. Was früher schon als «hoher nationaler Schwung» wahrgenommen worden war, sich im Börsen-

Marianne Weber, 1894

streit dann zum *entscheidenden Gesichtspunkt*[150] entwickelt hatte, nahm nun die Stelle eines unerbittlich letzten Wertmaßstabes ein:

Die Volkswirtschaftslehre als erklärende und analysierende Wissenschaft ist international, allein sobald sie Werturteile fällt, ist sie gebunden an diejenige Ausprägung des Menschentums, die wir in unserem eigenen Wesen finden ... Die Volkswirtschaftspolitik eines deutschen Staatswesens ebenso wie der Wertmaßstab des deutschen volkswirtschaftlichen Theoretikers können deshalb nur deutsche sein ...

Nicht Frieden und Menschenglück haben wir unseren Nachfahren mit auf den Weg zu geben, sondern den ewigen Kampf um die Erhaltung und Emporzüchtung unserer nationalen Art ...

Machtkämpfe sind in letzter Linie auch die ökonomischen Entwicklungsprozesse, die Machtinteressen der Nation sind, wo sie in Frage gestellt sind, die letzten entscheidenden Interessen ... die Wissenschaft von der Volkswirtschaftspolitik ist eine politische Wissenschaft. Sie ist eine Dienerin der Politik ... der dauernden machtpolitischen Interessen der Na-

Max Weber als Professor in Freiburg i. B., 1894

tion ... der Nationalstaat ist ... die weltliche Machtorganisation der Nation, und in diesem Nationalstaat ist für uns der letzte Wertmaßstab auch der volkswirtschaftlichen Betrachtung die «Staatsraison».[151]

Weber bekannte sich in dieser Antrittsvorlesung als *Mitglied der bürgerlichen Klassen* und sprach dem Bürgertum gleichzeitig die politische Fähigkeit ab, *die politisch leitende Klasse der Nation zu sein.* Dies lag seiner Meinung nach an zwei Fehlhaltungen: *Nur allzu offenkundig sehnt sich ein Teil des Großbürgertums nach dem Erscheinen eines neuen Cäsar, der sie schirme: nach unten gegen aufsteigende Volksmassen, nach oben gegen sozialpolitische Anwandlungen.* Mit der zweiten Fehlhaltung, die Weber benannte, lehnte er sich dem Philister-Vorwurf von Nietzsche an: *Ein anderer Teil ist längst versunken in jene politische Spießbürgerei, aus welcher die breiten Schichten des Kleinbürgertums noch niemals erwacht sind.* Somit ist die Forderung des Tages *eine ungeheure politische Erziehungsarbeit,* deren Zweck *nicht Weltbeglückung ist ... sondern die soziale Einigung der Nation.*[152]

Friedrich Naumann

Webers emotionale Bedürfnisse als Person und als Bürger treffen sich in einer irrational gesteigerten Sehnsucht nach der geeinten Nation. Denn der Bürger wie das Bürgertum fanden in Deutschland ihre soziale Identität nur über die nationale Integration. Dieses Bedürfnis des säkularisierten Bürgertums empfing seine Irrationalität durch einen Einschuß brachliegender quasi-religiöser Emotionen. Dies kam in Webers folgender Rede hinter den darwinistisch-scheinrationalen Elementen zum Vorschein: ... *die Volksvermehrung ist es, was den Kampf ums Dasein ... in Zukunft wieder schwerer und härter gestalten wird, und wir leiten daraus das Evangelium des Kampfes ab als einer Pflicht der Nation, als ökonomisch unvermeidliche Aufgabe wie des Einzelnen so der Gesamtheit, und wir «schämen» uns dieses Kampfes, des einzigen Weges zur Größe nicht.*[153] Max Webers Antrittsvorlesung übte die allergrößte Wirkung auf Friedrich Naumann aus. Der hatte 1895 «Die Hilfe» gegründet, und in dieser «Wochenschrift für Politik, Literatur und Kunst» ging er auf die «Antrittsvorlesung» ein. Naumanns Artikel kann man nur in einem ganz formalen Sinne eine «Besprechung» nennen; in Wirklichkeit ist es Aneignung und popularisierende Übernahme: «Das geträumte Menschenglück im Allgemeinen kommt nicht, immer wird Kampf sein, und unsere Aufgabe ist es, unseren Nachfahren für ihren Kampf den Boden zu ebnen ... Hat er nicht recht? Was nützt uns die beste Sozialpolitik, wenn die Kosaken kommen? Wer innere Politik betreiben will, der muß erst Volk, Vaterland und Grenzen sichern, er muß für nationale Macht sorgen ... Wir brauchen einen Sozialismus, der regierungsfähig ist. Regierungsfähig heißt: fähig, bessere Gesamtpolitik treiben als bisher ... Ein solcher Sozialismus muß deutsch-national sein.»[154]

Das Fortdauern der persönlichen Beziehungen kann nicht darüber hinwegtäuschen, daß es einen fundamentalen Unterschied in der intellektuellen Biographie der beiden Männer gibt: Während Weber auf einem qualvollen Weg der gedanklichen Anstrengung die Wissenschaft aus der nationalstaatlichen Vormundschaft befreite, galt für Naumann einstweilen der Darwinismus als «die Geschichtsphilosophie der Neuzeit»: «Im Wort Kampf ums Dasein liegt eine Weltanschauung. Der Kampf wird als Prinzip des Fortschritts gefaßt, und zwar der ganz brutale egoistische Kampf.»[155] Indem danach «Die Hilfe» für Autoren noch schärferer Denkart im Sinne der Machtstaatstheorie offen stand, indem vor allem auch die «Preußischen Jahrbücher» unter der Leitung von Hans Delbrück auf diese Linie einschwenkten, war die Geburt des liberalen Imperialismus eingeleitet.

Marianne und Max Weber zogen im Herbst 1894 nach Freiburg. Ein halbes Jahr vor dem Auszug in Charlottenburg hatte sich Max' Schwester Klara mit einem Arzt, Sohn des Historikers Theodor Mommsen, verlobt. Fassungslos und ungläubig stand Weber vor der Tatsache, daß jemand ohne Begleitkatastrophen wie selbstverständlich zu einem Partner findet: *Von Zeit zu Zeit fürchte ich immer wieder, es könnte sich um eine Mystifikation handeln, die Du mit mir vorgenommen hast, oder es könne alles wieder unter den Händen zerrinnen ...*

Seiner Braut hatte Weber vor der Hochzeit empfohlen, sich der praktischen Hausarbeit zu widmen, damit ihr Schwerpunkt nicht auf rein geistig-philosophischem Gebiet läge; besser sei es, wenn sie eine ihm unnahbare Domäne für sich habe. Sie ist diesem Rat nicht gefolgt: «Aber das Mädchen tat doch, was ihr eigener Dämon sie hieß, obschon sie nicht ahnte ... daß ... das Glück ihrer Ehe einmal weitgehend von ihrer selbständigen geistigen Existenz abhängen werde.»[156] Den Grundstein für ihre Selbständigkeit legte Marianne Weber in Freiburg, wo sie die Vorlesungen des Philosophen Heinrich Rickert besuchte. Max Weber indessen zog sich hier wie schon im ersten Ehejahr in Berlin hinter den Berg angehäufter Arbeit zurück. Die junge Frau konnte das nicht verstehen, sorgte sich um seine Gesundheit; in Wirklichkeit klagte sie darüber, daß er sich ihr nicht zuwandte: «War es wirklich unumgänglich, daß er sich dermaßen mit Arbeit überhäufte? ... Für gemeinsame Muße bleibt gar so wenig Zeit ... er steckt bis an den Hals in Arbeit, ist furchtbar still, und ich habe das Gefühl, daß ich ihn nicht stören darf.» So war es schon in Berlin, so setzte es sich in Freiburg fort: «An regelmäßige gemeinsame Spaziergänge ist natürlich nicht zu denken, Weber rast nur zwischen der Arbeit den Schloßberg hinan.»[157] Er hielt weiter seine öffentlichen Vorträge, zum Beispiel bei der Freiburger Ortsgruppe des Alldeutschen Verbandes, deren Mitglied er war.

Es kam trotzdem zu einigen kollegialen und privaten Annäherungen und Freundschaften: der Vetter Fritz Baumgarten lebte in Freiburg mit seiner Familie[158], Rickert war Weber schon aus Berliner Schultagen bekannt. Der Philosoph Alois Riehl, Neukantianer wie Rickert, war noch kurze Zeit in Freiburg. Bei ihm lernten Max und Marianne Weber wahrscheinlich Frieda Schloffer, die Nichte Riehls, und deren Freundin Else von Richthofen kennen[159], die sich mit Marianne befreundete und von nun an mit dem Ehepaar bei wechselnder Intensität lebenslang in Verbindung blieb. Auf einer Schottland-Reise, die Max und Marianne Weber während der Sommerferien 1895 unternehmen, findet er endlich Entspannung und Erholung. Auffällig ist allerdings, wie Weber in zahlreichen und sehr langen Briefen an die Mutter sich deren Nähe herbeschwor.[160]

Höllenfahrt und neuer Trieb

Der saarländische Großindustrielle Freiherr von Stumm-Halberg hatte im Januar 1895 in einer Reichstagsrede sowohl die Kathedersozialisten als auch die christlich-soziale Bewegung scharf attackiert. Es kam deshalb zu einer wilden Pressefehde, in die auch Max Weber eingriff. Noch beim 8. Evangelisch-sozialen Kongreß bezeichnete er Stumms Verhalten als *eine widerwärtige Erscheinung des industriellen Briefadels*[161]. Auch hatte er zum Jahresbeginn 1897 in einem liberalen Verein Saarbrückens, in der Höhle des Löwen, einen Vortrag gehalten. In der Folge war ihm von dort eine Reichstagskandidatur angeboten worden. Er lehnte ab unter dem Hinweis auf seine Berufung nach Heidelberg. Dorthin war er im Januar 1897 zum Nachfolger von Karl Knies als Professor der National-Ökonomie und Finanzwissenschaft berufen worden. Innerhalb des neuen Kollegenkreises stellte sich bald freundschaftlicher Umgang her mit dem Staatsrechtler Georg Jellinek und dem Theologen und Historiker Ernst Troeltsch.

Seit Marianne und Max Weber verheiratet und wenig später von Berlin weggezogen waren, weilte Helene Weber alljährlich bei ihnen zu Besuch. Helene ist ja, seit sie verheiratet war, jeden Sommer ins elterliche Heim gekommen. Von Anfang an war dies die Fluchtburg, das Refugium, in das sie ohne viel Rücksicht auf die Wünsche oder Ansprüche des Gatten einmal im Jahr floh. «Dieses Urlaubsglück ist ... nie ohne Schwierigkeiten zu erreichen», so steht es in den Memoiren der Schwiegertochter. Heidelberg war für Helene wie für ihre Schwester Ida von jeher ein Ort der Erholung auch im Sinne der religiösen Erneuerung und Bestätigung, des calvinistischen Exerzitiums unter der Obhut der Mutter, der Rechtfertigung des eigenen Standpunkts vor den religiös weniger engagierten Ehegatten. Besonders in Helenes Ehe waren die sommerlichen Fahrten nach Heidelberg der Punkt, an dem der stets schwelende Konflikt aufflammte.

Im Sommer 1897 stand das Problem wieder auf der Tagesordnung. Offenbar will Max Weber sen., inzwischen pensioniert, mit ihr fahren. Die Schwiegertochter kommentiert: « – schließlich begleitet der ältere Weber seine Frau nach Heidelberg, so daß ihr ungestörtes Ausruhen bei den Kindern verkürzt oder ganz vereitelt scheint.»[162]

Während dieses Aufenthalts kommt es zu einer schweren Auseinandersetzung zwischen Sohn und Vater. Kein Beschwichtigungsversuch der

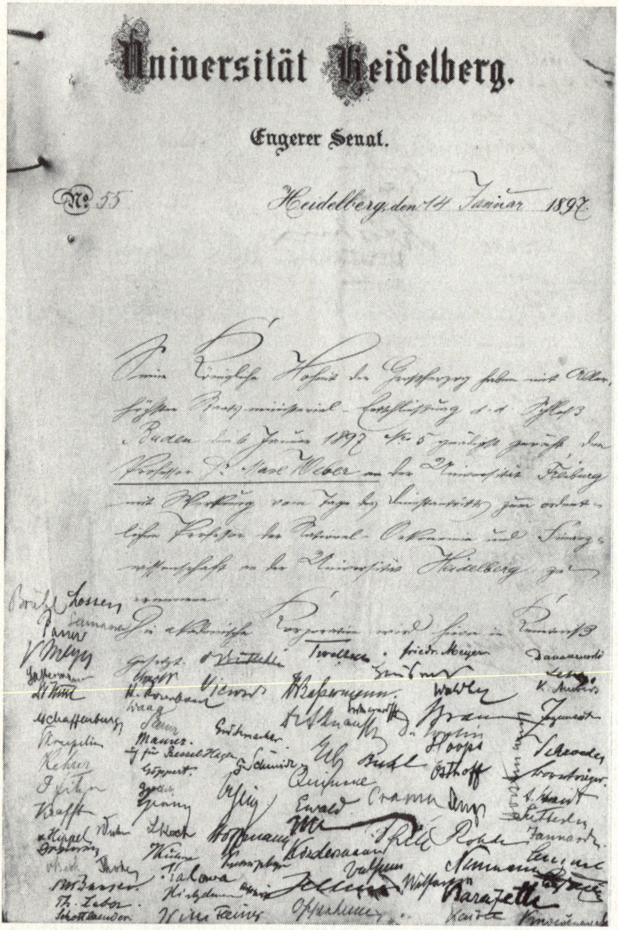

Universität Heidelberg.

Engerer Senat.

№ 55 Heidelberg, den 14 Januar 1897

Berufung Max Webers durch die Heidelberger Universität, 1897

Frauen kann helfen, so lange aufgestauter Grimm und Gerechtigkeitsanmaßung sich vereinen: Max Weber rechnet ab! Später sieht er manches anders: *Es ist damals sicher von allen beteiligten Seiten sehr viel verkehrt gemacht worden, sicher speziell auch von mir* (in einem Brief an die Geschwister)[163] – *Wir Alle sehen ihn gewiß heute gerecht an, können uns, nachdem alle schwierigen Spannungen vergessen sind, freuen an dem, was er war in seinem doch nicht gewöhnlichen, festen und reinen Bürgersinn* (Brief an die Mutter 1914).[164] Aber das war viele Jahre danach.

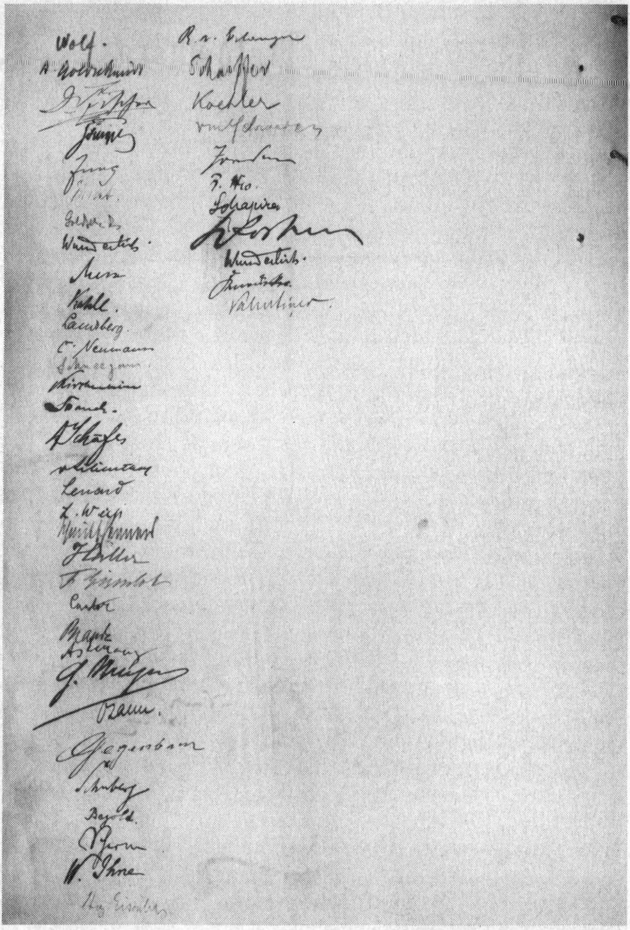

Voten zur Berufung

Während des Besuchs regieren Heftigkeit und Trotz. Das Resultat nach dem Zeugnis der Schwiegertochter: «Eine zerfallene Ehe, ein zusammengebrochenes Piedestal.» Die Männer trennen sich unversöhnt, der Vater fährt allein nach Berlin zurück. Als die Mutter schließlich ebenfalls heimkehrt, schickt sie Berichte über ihre Anstrengungen um ein erträgliches Verhältnis, denn «ich kann nicht, wie Ida es getan, die Brücken abbrechen». Im Spätsommer unternimmt der Vater eine Reise nach Riga; dort stirbt er am 10. August 1897.

Einige Zeit nach der Beerdigung des Vaters machten Marianne und Max Weber eine Reise nach Spanien. Diesmal wird er die ihn während des Semesters quälende Rastlosigkeit nicht los. Auf der Rückreise geht ein fiebriges Unwohlsein in Angstzustände über. Das arbeitsreiche Wintersemester von 1897/98 kann er durchhalten, aber am Ende dominieren Spannungsgefühle und Erschöpfung. Eine auf ärztlichen Rat unternommene Reise an den Genfer See bringt so viel Erholung ein, daß er das Sommersemester beginnen kann, obgleich *Reminiszenzen* ihn quälen: *Der Aufenthalt war doch sehr rentabel, ich merke seine Folgen jetzt, wo ich wieder kräftig zu arbeiten anfange, und ... da ich mich außer den Anspannungen ganz bestimmter Kopfnerven und leichter Kongestionen körperlich und geistig ganz besonders wohl ... fühle.* Bald jedoch leidet er unter Schlaflosigkeit und Krankheitsgefühl. Von einer Maiwanderung im Odenwald kommt er in schlimmem Zustand zurück: erschöpft, aufgelöst, weinend.

Es folgt ein Sanatoriumsaufenthalt am Bodensee. Zum erstenmal äußert er das Bedürfnis, von den Anstrengungen des Berufs befreit zu werden. Im Wintersemester 1898/99 ist ihm das Lehren eine Qual. In seiner Umgebung steigt die Ahnung auf, auch Weber selbst weiß es, daß ein Kollaps geschehen ist, der nicht im Handumdrehen überwunden werden kann: *Theoretisch habe ich mich vollständig damit abgefunden, daß ich mit diesen Geschichten (die sich eben jahrelang vorbereitet haben müssen) recht lange zu tun haben werde. – ... meine krankhafte Anlage äußerte sich ... in einem krampfhaften Anklammern an die wissenschaftliche Arbeit wie an einen Talisman, ohne daß ich doch hätte sagen können, wogegen ... ich weiß, daß ich krank oder gesund, so nicht mehr sein werde. Das B e d ü r f n i s, unter der Arbeitslast sich erliegen zu fühlen, ist erloschen.* Zu dieser Zeit bringt das Leiden des Mannes der Ehefrau bei aller Sorge noch eine gewisse Genugtuung ein: «Der starke Mann war ihrer ständigen Fürsorge und Gegenwart bedürftig, sie durfte ihm dienen», so schildert sie selbst ihre Erfahrungen. Doch wenig später weiß sie, er steht «erst am Beginn der Höllenfahrt».

Im Frühjahr 1899 ist Weber zu keinerlei geistiger Arbeit fähig: nicht zum Lesen, nicht zum Schreiben, kaum zum Denken. Er sitzt am Fenster und starrt in die Baumkronen. Wer ihn fragt, was er denkt, muß auf die Antwort gefaßt sein: *... an nichts, wenn es gelingt.* Ihm ist dieses *Stumpfen* angenehm, doch wer ihm nahe ist, kann es kaum ertragen. Seine Frau schenkt ihm auf Empfehlung von Freunden einen Steinbaukasten. Er spielt damit wie ein folgsames Kind. Doch die Hände zittern, der Rücken schmerzt; er muß aufgeben. Seine Mutter schickt Wachs, seine Frau gibt ihm Ton zum Modellieren. Die Mutter bekommt zum Geburtstag die Figuration des sterbenden Luzerner Löwen zurück: *Mit unseren herzlichen Glückwünschen kommt diesmal ... von mir eine Handarbeit aus ziemlich müden Stunden, die Du vielleicht als Briefbeschwerer verwenden kannst.*

Im Sommersemester läßt sich Weber von den Vorlesungen befreien; dazu seine Ansicht in einem Brief an die Mutter: *Ich habe nun ... ein ziemlich ruhiges Semester vor mir ... Nachdem nun nocheinmal ... alles, was ich an mir und in mir habe, geprüft ist mit gleich negativem Resultat ...*

Als Professor in Heidelberg

kann man sich die verfügbare Arbeitszeit einteilen. Ich wünsche nur, daß ihr nun glaubt, daß es nicht psychische Apathie ist, wenn ich in gewissen Übermüdungsstadien alle sogenannten «Anregungen» ablehne – die Sprechunfähigkeit ist rein physisch, die Nerven versagen, und mir vergehen dann beim Blick auf mein Kollegheft ... die Sinne.[165]

Durchblick unter der Alten Brücke in Heidelberg auf die Fallenstein-Webersche Villa

Im Wintersemester 1899/1900 läßt Weber sich auf Lehrveranstaltungen ein, mit dem Resultat, daß er psychisch auf einen Tiefpunkt fällt. Das eingereichte Entlassungsgesuch wird abgelehnt und unbefristet Urlaub gewährt. Daneben soll ein zweiter Lehrstuhl eingerichtet werden, der – obgleich sich Weber wie bei seinem Weggang in Freiburg für Werner Sombart einsetzt – an Karl Rathgen vergeben wird.

Bei einem Besuch in Heidelberg im Februar 1900 fällt der Mutter auf, daß sich Weber durch jedes Sprechen beängstigt fühlt und daß er nicht gestört werden darf, wenn er stumm und untätig am Schreibtisch sitzt.[166]

Im Juli geht Weber in ein kleines Sanatorium auf der Rauhen Alb und verbringt dort «stumpfe, stille Monate» zuerst allein, später mit seiner Frau zusammen. Der Haushalt in Heidelberg wird aufgelöst. Die Hoffnung auf Genesung in einem abschätzbaren Zeitraum schwindet immer mehr: *Ich habe ... eingehend mit dem Doktor über meine Zukunftschancen gesprochen ... Daß ich in irgend absehbarer Zeit regelmäßige, an feste Stunden gebundene Arbeit ohne die Gefahr alsbaldiger Wiederkehr des Höllenzustandes ... tun könnte, ist wohl fast ausgeschlossen. Deshalb müssen wir unser Herz nicht an die Heidelberger Stelle hängen ...* Was folgt deucht wie eine Flucht vor den Furien. Winter auf 1901 in Korsika: «... nachmittags machen wir einen gemeinsamen Spaziergang falls er gehfähig ist.» Im März gar ein kleiner Hoffnungsschimmer: «Weber liegt viel auf dem Sofa und dämmert vor sich hin. Aber er ist weder verzagt noch ungeduldig ... Die Rebellen scheinen sich zu unterwerfen; Vorboten einer Besserung grüßen ihn. –» In Rom, ungefähr März 1901: «Weber will Krankheit und Erdenschwere versenken ... sein Selbst zum Gefäß der Geschichte erweitern.» – Im Frühling reisen beide weiter nach Süditalien, «... um die Pein der letzten Wochen durch andere Eindrücke zu überdecken.»[167] – Den Hochsommer verbringt Weber in Grindelwald, zuerst allein. Als seine Frau zu ihm stößt, findet sie ihn in einem erneuten Rückfall mit Schlaflosigkeit und Unrast. Im Herbst fahren sie zum drittenmal nach Rom; seine Mutter verbringt in Rom einige Zeit und schreibt darüber: «... gehen vermeidet er soviel als möglich ... es war doch eine Übererregung über mein Kommen gewesen ... Reizzustände die auch ohne weitere Veranlassung alle paar Wochen eintreten ... deprimieren ihn ...»[168] Den ganzen Winter über bleiben sie in Rom. Die Mutter berichtet über eine kleine gute Wende: «... er liest auch wieder ziemlich viel, ganz außerordentlich viel.» Er bittet: *nur keine Fachliteratur.* Ostern 1902 geht er von Rom nach Florenz, wo die Besserung anhält. Seine Frau denkt heimlich bereits wieder an «Katheder» und «Schülerkreis». Doch Weber stellt abermals Antrag auf Entlassung aus dem Amt. Marianne Webers innerer Widerstand macht sich Luft: «Max hat nun doch um Entlassung aus dem Ordinariat und Einreihung unter die Titularprofessoren gebeten. Gewiß ist es recht so ... Aber ich finde nicht, daß das Rechttun einen angenehmen Geschmack zurückläßt. Beim Diktat des Entlassungsgesuchs überkam mich ... eine recht unphilosophische und unchristliche Wut, es gab Tränen, die dann Max ziemlich wild machten.»[169]

Nach einer Abwesenheit von zwei Jahren kehrte Max Weber im April 1902 nach Heidelberg zurück. In den bald folgenden Verhandlungen mit dem Vertreter der Regierung äußert er, daß er ohne Lehrveranstaltungen oder höchstens mit einer «kleinen Vorlesung», jedoch mit Sitz und Stimme in der Fakultät bleiben möchte. Das Karlsruher Ministerium gab diesen Wunsch diskret an den Dekan weiter. Die autonome Fakultät ging darüber hinweg und es blieb bei einem Lehrauftrag ohne Stimmrecht.

Max und Marianne Weber auf der Italien-Reise, 1900/01

Weber war zuerst so erbost, daß er Lehrbefugnis und Titel zurückgeben wollte, fand sich aber dann mit der Entscheidung ab, ohne allerdings Lehrveranstaltungen zu übernehmen. In den kommenden Jahren lebte er zurückgezogen, besucht von Freunden und Kollegen, aber außerhalb des Hauses nur «am dritten Ort», das heißt in renommierten Lokalen, zu

Geselligkeiten bereit. So bewährte sich die früher schon geäußerte Neigung ... *zum Zusammensein bei einem guten Trank* auch hier. Weniger gut konnte sich Webers Frau mit dem neuen Status abfinden: «Dann kamen ... auswärtige Menschen, um ihn zu besuchen, und er führte die allerintensivsten Gespräche mit ... dialektischer Gewandtheit ... Man möchte sich ... an den Kopf greifen und fragen: ist es möglich, daß dieser Mann nicht mal ein kleines Kolleg halten kann?» Diese Frage, ob er fähig sei, Vorlesungen zu halten, ist jener Punkt, an dem stets und ständig eine zwischen den beiden Ehepartnern vorhandene Unstimmigkeit aufbrechen will. Auch hier wird sie mit Schweigen überdeckt: «Wir sind äußerlich ruhig und heiter; wie es in Max aussieht, weiß ich nicht ganz genau und frage ihn lieber nicht danach, wir sprechen jetzt so wenig wie möglich über unsere Angelegenheiten.» Marianne Weber erfuhr die korrekt vollzogene Prozedur der Amtsentlassung als eine Deprivation, als ein «Ausrangieren», und sah ihren Mann an als einen aus seinem Reich verstoßenen König.[170]

Als Max Weber nach Heidelberg zurückgekehrt und aus dem Dienst gegangen war, waren die «schwersten, hoffnungslosesten Zeiten der Krankheit», wie Marianne Weber sie einmal nennt, überwunden.[171] Es kann aber bei den späteren Zuständen der Rastlosigkeit, der zwanghaften Ermüdung, des Fluchtstrebens in eine exotische Welt – «nach Konstantinopel ... nach Afrika auf die Oase Biskra»[172] – von wieder erlangter Gesundheit keine Rede sein. Doch traten die Leidenszustände seit der Entpflichtung nur sporadisch auf und hielten weniger lang an, so daß seine Rückkehr aus dem Süden im Jahre 1902 doch eine Zäsur im Krankheitsverlauf darstellt: eine Stabilitätsmarke war überschritten, hinter die er trotz mancher Rückschläge nicht mehr zurückfiel. Auf die Frage, wodurch der Heilungsprozeß bis zu diesem Punkt gediehen sein könnte, warum andererseits nicht eine endgültige Stabilität erreicht worden ist, ist eine feste Antwort kaum möglich. Es gibt kein psychiatrisches Gutachten, das den Befund zu irgendeiner Zeit fixiert hätte. Was wäre auch für das Verständnis des von Max Weber Erlebten gewonnen, wenn wir die Worte wüßten, mit denen Fachleute sich in einer zu ihrem besonderen Zweck erfundenen Sprache darüber verständigen! Mehr hätte vielleicht «die ausführliche Selbstdarstellung seiner Krankheit», die Weber «vor dem ersten Weltkrieg» für einen von ihm konsultierten Psychiater niedergeschrieben hatte, aussagen können. Aber der Umschlag, in dem sie steckte, war versiegelt und mit der Aufschrift *Nicht vor dem Jahr 2000 zu öffnen* sekretiert. Marianne Weber hat sie in den Jahren vor 1945 vernichtet.[175] In den Jahren bis 1902 kann die Behandlung schon wegen der häufigen Ortswechsel nicht kontinuierlich betrieben worden sein. Auch geben die Briefe manchen Hinweis auf den Glauben an Selbstheilung, den die Familie hegte und mit dem sie den Kranken einschnürte: «... er sagte gerade heute wieder, er sei noch so müde, so müde, und es tue ihm nicht wohl, wenn wir ihm Leistungsfähigkeit suggerierten, er fühle eben, daß sie nicht da sei.» Ähnlich wie aus diesem Brief von 1901 klingt es bei einem winterlichen Rückschlag aus einem weiteren, ebenfalls von Ma-

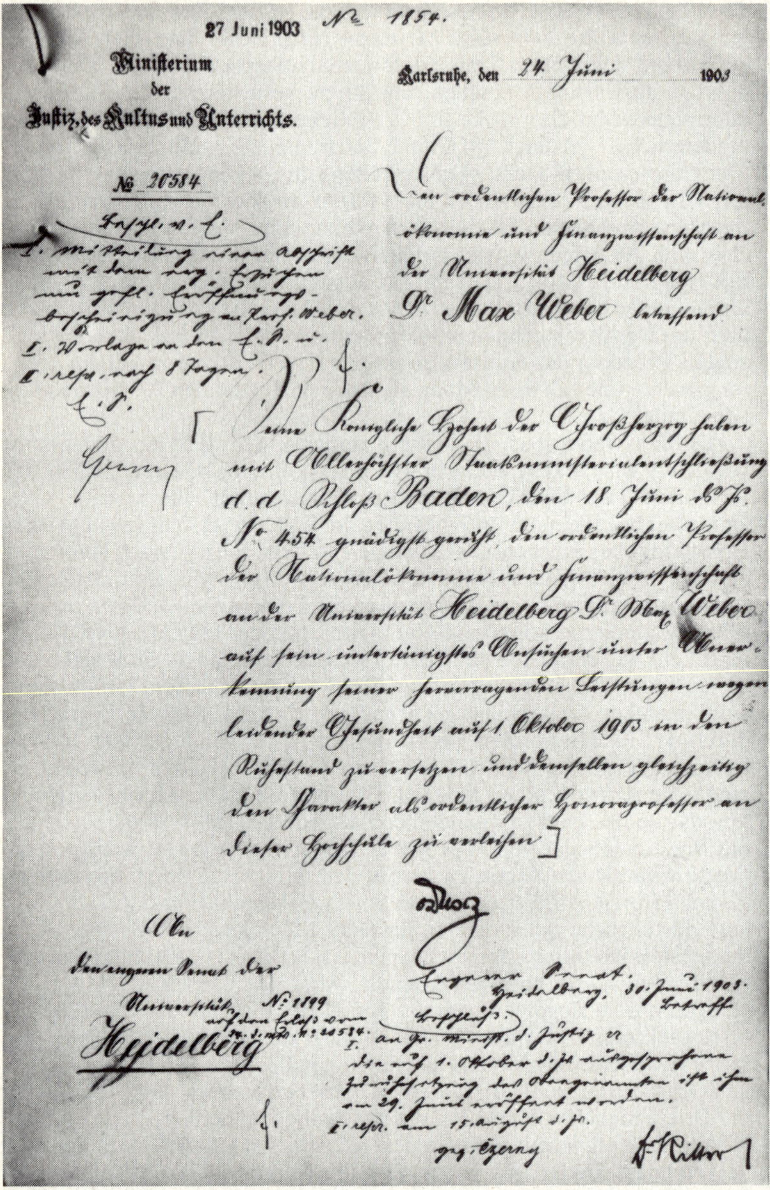

Ruhestandsversetzung Max Webers, 1903

Nach der Krankheit, um 1903

rianne an ihre Schwiegermutter gerichteten: «... dazu das Gefühl, daß uns allen, Dir und mir und allen Menschen nur der Berufsmensch für voll gälte. Dazu allerlei unangenehme Erinnerungen aus früheren Jahren, wo wir alle und die Ärzte eben doch immer gemeint hätten, er müsse die Krankheit willensmäßig überwinden ...» Manche Äußerung Marianne Webers deutet darauf hin, daß der Teufel der Verdrängung mit dem Beelzebub verstärkten Widerstandes ausgetrieben werden sollte: «Der Geist (Max Webers) behauptete noch (immer nur) mühsam seine Herrschaft über die rebellischen Untertanen.» Auf diesem Weg ließ sich der in Gang gekommene Heilungsprozeß nicht optimal fortsetzen. Die Folge auf Webers Seite war eine gewisse Resignation gegenüber den Ärzten wie auch der eigenen Frau gegenüber: *Ich empfinde meinen Rücktritt nun mal nicht tragisch, da ich seit Jahren von seiner Notwendigkeit überzeugt und nur dadurch belastet war, daß kein Arzt so aufrichtig war, auch Marianne davon zu überzeugen.* Sicherster Beweis für die Wende zum guten war die Rückkehr der Arbeitskraft: «Max geht es recht leidlich bisher, er arbeitet etwa vier Stunden täglich. Als erstes kleines Frühlingszeichen wiederkehrender Leistungsfähigkeit hat er innerhalb weniger Tage ... ein Buch ... rezensiert. ... Nun ... macht es ihm im geheimen Freude, daß er ... die erste literarische Lebensäußerung seit über 4 ½ Jahren fertig gebracht hat.»[174]

So erfreulich als Zeichen relativer Gesundung diese Rezension, die noch 1902 erschien, auch war, ein neuer Strang wissenschaftlicher Tätigkeit hätte sich an sie nicht knüpfen lassen. Es wäre also die Frage Webers an seine Frau, «ob er sich nun auf rein literarische Arbeit beschränken oder Kollegheft ausarbeiten solle», ganz inhaltsleer gewesen. Rhetorisch war sie ohnehin, denn daß ihre Antwort «Ich bin für letzteres»[175] lauten würde, war so gewiß wie Webers Entschluß, ihrem Vorschlag nicht zu folgen. Worauf aber konnte der Entschluß sich gründen?

Die Freiburger Antrittsrede von 1895, die in der Öffentlichkeit so großes Echo – *Zustimmung* und *Widerspruch* – gefunden hatte, war ein politischer Kraftakt gewesen, dem gewiß noch weitere hätten folgen können, doch nach der Seite ihrer wissenschaftlichen Potenz betrachtet war sie eher schwach. Schon rein formal zerfiel sie im vollen Sinn des Wortes in drei Teilstücke, die sich weder nach dem Inhalt noch gedanklich gut aufeinander beziehen ließen. Im ersten Teil bot Weber die schon mehrmals vorgetragenen ostelbischen Landarbeiterprobleme dar. Im zweiten Teil übernahm er die von Hermann Baumgarten schon formulierte Frage nach der zur politischen Leitung der Nation berufenen Klasse, und gab darauf eine auf keinerlei empirisches Material gestützte Meinungsäußerung. Zum Schluß ordnete er die Nationalökonomie hart dem Ideal des Machtstaates unter. Damit konnte Weber nicht zufrieden sein. Mißmutig sagt er in der dem Druck beigefügten *Vorbemerkung* zu seinen Ausführungen: *Sachlich Neues werden sie Fachgenossen wie andern nur in Einzelheiten bringen, und in welchem speziellen Sinn allein sie den Anspruch auf das Prädikat der «Wissenschaftlichkeit» erheben, ergibt sich aus der Veranlassung ihres Entstehens.* Er habe Gelegenheit gehabt zur Rechtfertigung des *persönlichen und insoweit «subjektiven» Standpunktes* und habe sie genutzt. Zudem weist er darauf hin, daß ein im Druck enthaltenes kurzes Stück nicht vorgetragen worden sei; dies waren aber gerade jene Passagen, in denen eine resignative Kritik über den wissenschaftlichen Stand der damaligen *politischen Ökonomie* zum Ausdruck kommt: *Ein Chaos von Wertmaßstäben teils eudämonistischer, teils ethischer Art, oft beider in unklarer Identifikation ...*[176]

Seit dem Frühjahr 1902, wahrscheinlich schon in Florenz, der letzten Station vor der Rückkehr nach Heidelberg, befaßte sich Weber mit Überlegungen, die *zur Besinnung auf diejenigen allgemeinen Voraussetzungen führen, mit welchen wir an unsere wissenschaftliche Arbeit herantreten.* Das Ergebnis ist dann in dem Fragment *Roscher und Knies und die logischen Probleme der historischen Nationalökonomie* niedergeschrieben und zwischen 1903 und 1906 veröffentlicht worden. Wissenschaftstheoretisch weniger präzise als Späteres, wird diese Schrift auch weniger beachtet. Biographisch ist sie von besonderem Interesse, weil sie fast alle methodologischen Elemente Webers in statu nascendi enthält. Vor allem bringt sie ihm theoretische Stärke ein, die den gewaltsamen Rückgriff der Antrittsrede auf einen *letzten Wertmaßstab* überflüssig macht. Und noch eine Besonderheit dieses Aufsatzes kann hervorgehoben werden: die Kritik an den *Begründern der «historischen Schule»* der Nationalökonomie – Wilhelm Roscher (1817–94) und Karl Knies (1821–98) – und an deren *biologischen Analogien und Begriffen*, an deren *romantisch-naturalistischer Wendung des «Persönlichkeits-Gedankens»* betreibt Weber so gelöst, daß dieses Werk im Gegensatz zu anderen seiner Schriften sich durch stilistische Leichtigkeit auszeichnet. Einmal steigerte er sich gar zur Heiterkeit einer fröhlichen Wissenschaft, die ihm zwar auch sonst nicht völlig fehlt, die er aber gern versteckt hält: *Die höchst interessanten Erörterungen über die Methodologie der Psychologie zu beurteilen, erlaube ich mir in keiner Weise; den Versuch, mir über ihren Wert oder Unwert bei den Fach-Psychologen Auskunft zu holen, werde ich allerdings auch kaum unternehmen, da diese Gelehrten sich zur Zeit nach Art jener beiden Löwen im Liede gegenseitig ohne alle für den Außenstehenden wahrnehmbaren Ueberbleibsel zu verschlingen pflegen. Bei einzelnen von Münsterbergs Ausführungen ... darf allerdings m. E. auch der Nichtpsychologe den Kopf schütteln.*[177]

Das geordnete Niederschreiben theoretischer Erörterungen war für Weber – anders als das tief in die Geschichte sich versenkende Aufspüren von Zusammenhängen – offenbar eine gegen die Tendenz des eigenen Naturells erkämpfte Leistung. Zur Niederschrift bedurfte es fast immer eines äußeren und dann manchmal als ärgerlich empfundenen Anstoßes. Bei der hier erwähnten, im Familienkreis als «Seufzeraufsatz» bezeichneten Schrift war es die Zusage für eine Heidelberger Festschrift, die dann nicht eingehalten wurde; später werden es redaktionell-programmatische Erläuterungspflichten, Vereinsquerelen oder Vortragsabmachungen sein, die den äußeren Anstoß zur Formulierung geben.

Das philosophische Rüstzeug zur Stabilisierung seines theoretischen

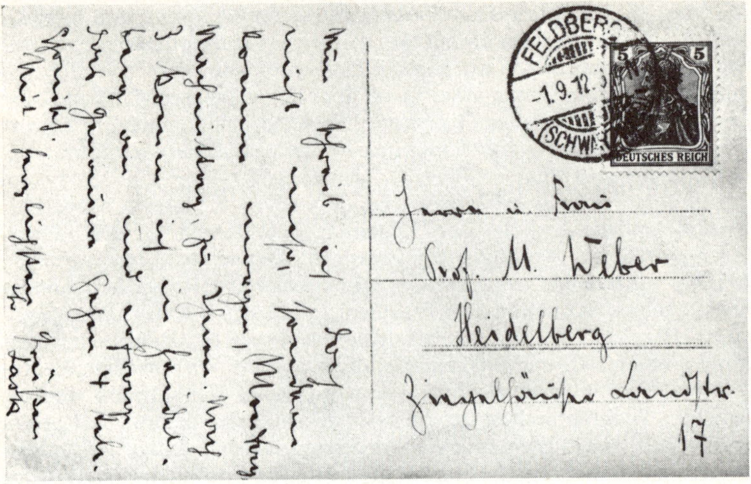

Karte von Emil Lask an Max Weber

Bezugsrahmens holte sich Weber aus der Philosophie seiner Zeit. Vor allem bediente er sich – bis zu einem gewissen Punkt, von dem aus er seine Gedanken ganz eigenständig weiterführt – der philosophischen Konstrukte des Neukantianers Heinrich Rickert: *Ich glaube, vorstehend mich ziemlich sinngetreu an die wesentlichen Gesichtspunkte der ... Arbeit Rickerts angeschlossen zu haben, soweit sie für uns von Belang sind.*[178] Die frühen Werke Rickerts hatte Weber bereits gelesen, bevor er dessen Fakultätskollege in Freiburg wurde. 1902 erschien die vollständige Fassung von Rickerts Werk über «Die Grenzen der naturwissenschaftlichen Begriffsbildung». Darauf bezog sich die Mitteilung, die Marianne Weber von Florenz aus zukam: *Rickert habe ich aus. Er ist sehr gut, zum großen Teil finde ich darin das, was ich selbst gedacht habe.*[179] Seither berief sich Weber in fast allen *Aufsätzen zur Wissenschaftslehre*[180] bis hin zu *Wirtschaft und Gesellschaft*[181] auf Rickert. Es ging Weber um erkenntnisstabilisierende und in diesem Sinn um «logische» Fragen und nicht um Probleme der Wertordnung. Rickert selbst sah dies als eine Verkürzung der Philosophie an und war mit Webers Problematisierung nicht zufrieden.[182]

Indessen schwankte zu der Zeit, als Max Weber über der Kritik an Roscher brütete, seine Arbeitskraft noch bedenklich. Marianne Weber berichtete darüber in einem Brief aus der zweiten Hälfte des Jahres 1902: «Er meint, seine Arbeitskraft reiche vorläufig ... nur für vier Wochen aus ...» Im Sommer 1903, als Friedrich Naumann nach erneuter Wahlniederlage einstweilen auf unmittelbare politische Aktivitäten verzichten wollte, war innerhalb des Naumann noch immer protegierenden Fami-

Links Emil Lask, Mitte Heinrich Rickert, 1912

lienkreises die Rede davon, ob Max Weber mit ihm zusammen eine politische Zeitschrift gründen solle. Weber lehnte ab und zeigte im gleichen Brief (17. Juli 1903) ein neues Projekt vor: ... *will man eine politische Sache nicht verpfuschen, so gehört dazu absolut kühles Blut, und dafür kann ich jetzt schlechterdings nicht garantieren. Ich habe mich deshalb entschlossen, in die Redaktion des Braunschen Archivs, wenn Jaffé es erwirbt, mit Sombart zusammen einzutreten. Der Verleger wünscht, scheint es, gerade diese Kombination und ich kann Jaffé, da ich hier am Ort bin, auch bei geringer Arbeitskraft nützlich sein.*

Übrigens waren 1903 Marianne und Max Weber zehn Jahre verheiratet. Weil sie den Hochzeitstag getrennt verbrachten, kam es zu den folgenden sibyllinischen Brief-Resümees. Max Weber an seine Frau: *Wir sind uns ja heut noch so neu wie damals, nur daß der eine den Weg zur Seele des andern so viel sichrer gefunden hat.* – Sie an ihn: «Wohl wäre unser gemeinsames Leben nicht so tief und reich geworden, wären wir nicht in den letzten fünf Jahren so ausschließlich auf einander angewiesen gewesen ... Ich denke, dadurch sind wir so unauflöslich miteinander verwachsen ... Und das war einer meiner Lebenswünsche, mein größter – freilich hätte ich nie gedacht und es auch nicht für notwendig gehalten, seine Erfüllung durch Deine Krankheit erkaufen zu müssen.»[183]

Tatsächlich übernahm Edgar Jaffé 1904 das «Archiv für soziale Gesetzgebung und Statistik, Zeitschrift zur Erforschung der gesellschaftlichen Zustände aller Länder» und führte es weiter als «Archiv für Sozialwissenschaft und Sozialpolitik». Das Herausgebergremium bestand aus Jaffé selbst, Max Weber und Werner Sombart, einem soziologisch orientierten Nationalökonomen, damals Professor in Breslau. Formal gleichberechtigt, stimmte dieses Gremium über die Aufnahme eines Artikels mehrheitlich ab, im Extremfall bestand Vetorecht.[184] Jaffé war Sohn einer reichen jüdischen Familie in Hamburg. 1904 habilitierte er sich und war zunächst Privatdozent in Heidelberg. Seine politische Laufbahn begann er als Liberaler, wandte sich bald dem revisionistischen Sozialismus, 1917 der Unabhängigen Sozialdemokratischen Partei Deutschlands (USPD) zu; in der Münchener Kurt Eisner-Regierung war er Finanzminister. 1902 hatte er Else von Richthofen geheiratet, die seit Freiburg mit den Webers gut bekannt war. Zuerst Lehrerin, dann Studentin in Heidelberg und Berlin, lernte sie im Elternhaus Max Webers sowohl Jaffé als Alfred Weber kennen. 1900 gehörte sie zu den drei an der Heidelberger Universität immatrikulierten Mädchen und promovierte bei Max Weber.[185] Nach kurzer Tätigkeit als Fabrikinspektorin in Karlsruhe kam es zur Ehe mit Jaffé.

Das «Archiv» wurde jetzt nicht mehr in Berlin, sondern in Tübingen bei J.C.B. Mohr (Paul Siebeck) verlegt, wo nach 1920 fast alle Schriften Webers erschienen.[186] Die erste Nummer wurde mit einem Erläuterungs- und Programmaufsatz eröffnet. Dieser Aufsatz mit dem Titel *Die «Objektivität» sozialwissenschaftlicher und sozialpolitischer Erkenntnis* stammte aus der Feder Max Webers. Zwar wurde in dessen erstem Teil noch im Namen der Herausgeber gesprochen. *Für Abschnitt II trifft die Verantwortung für Form und Inhalt den Verfasser allein.*[187] Darin entwarf Max Weber nochmals, was sich im Aufsatz über *Roscher und Knies* vorbereitete, nun aber mit klarer gezogenen gedanklichen Linien und mit erhöhter begrifflicher Präzision, seine Vorstellung von Sozialwissenschaft und den theoretischen Mitteln, die ihr zur Verfügung stehen (die Zahlen in Klammern verweisen auf den Abdruck in GAW):

Die Sozialwissenschaft, die wir treiben wollen, ist eine Wirklichkeitswissenschaft. Wir wollen die uns umgebende Wirklichkeit des Lebens ... in ihrer Eigenart verstehen – den Zusammenhang und die Kulturbedeutung ihrer einzelnen Erscheinungen in ihrer heutigen Gestaltung einerseits, die Gründe ihres geschichtlichen So-und-nicht-anders-Gewordenseins andererseits (170–171).

Der letzte Satz wies auf die historische Orientierung der angestrebten Sozialwissenschaft hin. Darüber hinaus zog Weber die Grenze zu den Naturwissenschaften noch schärfer dadurch, daß er den Gesetzesbegriff in der dort verwendeten Weise hier, im historischen Zusammenhang, für wenig nutzbringend hielt: *Für die exakte Naturwissenschaft sind die «Gesetze» um so wichtiger und wertvoller, je allgemeingültiger sie sind; für die Erkenntnis der historischen Erscheinungen in ihrer konkreten Voraussetzung sind die allgemeinsten Gesetze, weil die inhaltsleersten, regelmäßig auch die wertlosesten. Denn je umfassender die Geltung eines Gattungsbegriffes – sein Umfang – ist, desto mehr führt er uns von der Fülle der Wirklichkeit ab, da er ja, um das Gemeinsame möglichst vieler Erscheinungen zu enthalten, möglichst abstrakt, also inhaltsarm sein muß*

(179–180). Hinzu kommt, daß man Gesetze und ihre Wirksamkeit anerkennen und erkennen kann, und doch ihrer Eigenart fremd gegenübersteht, sie nicht zu verstehen vermag. Deshalb ist darauf zu achten, *daß es sich in den Sozialwissenschaften um die Mitwirkung geistiger Vorgänge handelt, welche nacherlebend zu «verstehen», natürlich eine Aufgabe spezifisch anderer Art ist, als sie die Formeln der exakten Naturerkenntnis überhaupt lösen können oder wollen* (173).

Die Bestimmung der *Sozialwissenschaft* als eine *Wirklichkeitswissenschaft* bindet nochmals die Argumentation an die Rickertsche Philosophie. Dort war die Wirklichkeit als «unübersehbare, extensiv unendliche Mannigfaltigkeit»[187a] beschrieben worden. Weber knüpfte in fast wörtlicher Wiederholung an diesem Punkt an: *Und die absolute Unendlichkeit dieser Mannigfaltigkeit bleibt intensiv durchaus ungemindert auch dann bestehen, wenn wir ein einzelnes «Objekt» ... ins Auge fassen, – sobald wir nämlich ernstlich versuchen wollen, dies «Einzelne» erschöpfend in allen seinen individuellen Bestandteilen auch nur zu beschreiben, geschweige denn es in seiner kausalen Bedingtheit zu erfassen* (171). Die sozialwissenschaftliche Erfahrung hat also mit der Alltagserfahrung gemeinsam, daß sie nicht alle Elemente der unendlichen Mannigfaltigkeit aufnehmen kann, sondern unter ihnen auswählen muß. Jedoch vollzieht sich die Auswahl nicht naiv und situativ wechselhaft, sondern bewußt insofern, als sie auf eine mindestens zeitweilige Identität der Elemente und auf deren Widerspruchsfreiheit achtet. Die Gegenstände und die Merkmale sind in der Wirklichkeit vorgegeben, sie sind nicht die Produkte der Phantasie oder des Wünschens. Aber man kann mit ihnen mehr oder weniger angemessen (*adäquat*) umgehen. Deshalb ist Webers Hinweis auf die Relevanz von Wahrheit sinnvoll und wichtig: *Denn wissenschaftliche Wahrheit ist nur, was allen gelten will, die Wahrheit wollen* (184).

Weil trotzdem unter den unendlich vielen Möglichkeiten gewählt werden muß, ist die Frage nach den Auswahlkriterien entscheidend: *Nach welchen Prinzipien aber wird dieser Teil ausgesondert?* (171). Die nächstliegende Antwort auf diese Frage: es wird ausgesondert, was uns *wissenswert* im Sinne von *«wichtig»* oder «wesentlich» erscheint, wäre trivial. Um ihr eine differenzierende Bestimmtheit zu geben, führte Weber den *Wertbegriff «Kultur»* (175) ein: *«Kultur» ist ein vom Standpunkt des Menschen aus mit Sinn und Bedeutung bedachter endlicher Ausschnitt aus der sinnlosen Unendlichkeit des Weltgeschehens* (180). *Die empirische Wirklichkeit ist für uns «Kultur», weil und sofern wir sie mit Wertideen in Beziehung setzen, sie umfaßt diejenigen Bestandteile der Wirklichkeit, welche durch jene Beziehung für uns bedeutsam werden, und nur diese* (175). Weber unterscheidet nicht klar, ob dieses *in Beziehung setzen* der subjektiven Interessenwillkür des Forschers überlassen bleibt, der dann als der *wissenschaftliche Genius ... einer ganzen Epoche* (182) den Stempel aufdrückt, womit Weber der Auffassung Nietzsches folgen würde.[188] Oder ob sich hinter dem *wir* und *uns* des Aufsatzes nicht doch ein das Subjekt des Forschers transzendierendes epochales Kollektivbewußtsein verbirgt, das die Wertbeziehungen reguliert: ... *was Gegenstand der Unter-*

suchung wird ... das bestimmen die den Forscher und seine Zeit beherrschenden Wertideen (184).

Die Wissenschaft kann den jeweiligen Gegenstand ihres Erkenntnisinteresses nicht anders haben, als in der Vorstellung. Für diese Art der Vorstellung läßt Weber jedoch weder die Bezeichnung «Gesetz» im naturwissenschaftlichen Sinn noch die Bezeichnung «Begriff» im Sinn der traditionellen Logik zu. Wie nennt Weber sein, die ausgewählten Elemente bündelndes Konstrukt; und vor allem: was ist dessen logische Besonderheit?

Für Weber handelt es sich *um einen Spezialfall einer Form der Begriffsbildung, welche den Wissenschaften von der menschlichen Kultur eigentümlich und in gewissem Umfang unentbehrlich ist* (189–190) ... *Dieses Gedankenbild vereinigt bestimmte Beziehungen und Vorgänge des historischen Lebens zu einem in sich widerspruchslosen Kosmos gedachter Zusammenhänge. Inhaltlich trägt diese Konstruktion den Charakter einer Utopie an sich, die durch gedankliche Steigerung bestimmter Elemente der Wirklichkeit gewonnen ist. Ihr Verhältnis zu den empirisch gegebenen Tatsachen des Lebens besteht lediglich darin, daß da, wo Zusammenhänge ... in der Wirklichkeit als ... wirksam festgestellt sind oder vermutet werden, wir uns die Eigenart dieses Zusammenhangs an einem Idealtypus pragmatisch veranschaulichen und verständlich machen können ... der idealtypische Begriff ... ist keine «Hypothese», aber er will der Hypothesenbildung die Richtung weisen. Er ist nicht eine Darstellung des Wirklichen, aber er will der Darstellung eindeutige Ausdrucksmittel verleihen* (190).

Weber führt zahlreiche Idealtypen exemplarisch an, für die hier nur eine kleine Auswahl genannt werden kann: *«Stadtwirtschaft» des Mittelalters* (191), *Handwerk* (ebd.), *Feudalismus* (193). Er *konstatiert* auch, daß alle *spezifisch-marxistischen «Gesetze» und Entwicklungskonstruktionen ... idealtypischen Charakter haben* (205). Das nimmt ihn für manche Marxsche Erkenntnis ein, während er den Marxismus als «Weltanschauung» und die *«materialistische Geschichtsauffassung» ... als Generalnenner kausaler Erklärung der historischen Wirklichkeit* (166) ablehnt, unter anderem weil *sich hier der Gedanke von etwas «objektiv» Geltendem, d. h. also: Seinsollendem, mit einer Abstraktion aus dem empirischen Verlauf* ... (196) verquickt.

Weder ist vom Gebrauch der *Idealtypen* die Bildung eines geschlossenen Systems von Begriffen im Sinne einer endgültigen *Gliederung* der Wirklichkeit zu erhoffen: *Endlos wälzt sich der Strom des unermeßlichen Geschehens der Ewigkeit entgegen* (184). Noch ist an der *Vergänglichkeit aller ... idealtypischer Konstruktionen* (206) zu zweifeln. Die Bindung an die sich wandelnden Kulturbedeutungen läßt eine dauernde Gültigkeit nicht zu: *die Bedeutung der unreflektiert* (weiter-) *verwerteten* – also ideologisch gewordenen – *Gesichtspunkte wird unsicher, der Weg verliert sich in der Dämmerung. Das Licht der großen Kulturprobleme ist weiter gezogen. Dann rüstet sich auch die Wissenschaft, ihren Standort und ihren Begriffsapparat zu wechseln* ... (214).

Max Weber hat mit der im «Objektivitäts»-Aufsatz vollzogenen begrifflichen Erklärung zum mindesten sich selbst eine gegen ständige theoretische Einbrüche stabile Plattform geschaffen. Von hier aus kann er, der oft vom Nächsten tief Erschütterte, das unmittelbar Bedrängende einem universellen Maßstab unterstellen, es kraft intellektueller Anstrengung sich emotional so weit distanzieren, daß es ihm selbst psychisch erträglich und, im wissenschaftlichen Werk ins neue Licht gerückt, den Interessierten in neuer Weise verständlich wird. Daher darf man den optimistischen Abschluß der Schrift, die mit einem Vers aus dem «Faust» (Osterspaziergang) endet, auch auf seine individuelle Situation beziehen:

«... der neue Trieb erwacht,
Ich eile fort, ihr ew'ges Licht zu trinken,
Vor mir den Tag und hinter mir die Nacht,
Den Himmel über mir und unter mir die Wellen» (214).

Am Anfang jenes Teils des «Objektivitäts»-Aufsatzes, der ganz unter die Verantwortung Max Webers fällt, kündigt er formal ein neues Programm an, das weder das des «Archivs» und noch weniger das der zeitgenössischen Wissenschaft sein kann, sondern sein eigenes ist: *Allein je mehr die praktische Behandlung der Arbeiterverhältnisse auch bei uns dauernder Gegenstand ... der öffentlichen Erörterung geworden ist, um so mehr mußte der Schwerpunkt der wissenschaftlichen Arbeit sich auf die Feststellung der universelleren Zusammenhänge, in welche diese Probleme hineingehören, verschieben und damit in die Aufgabe einer Analyse aller, durch die Eigenart der ökonomischen Grundlagen unserer Kultur geschaffenen und insofern spezifisch modernen Kulturprobleme ausmünden.*[189] Diese sich nach der starren Einschränkung der Krankheitsjahre mit elementarer Kraft fast überstürzende Ausweitung sucht sich in den nächsten beiden Jahren auf verschiedenen Erlebnisebenen Platz: auf der Ebene der unmittelbaren Anschauung durch eine Amerika-Reise, auf der Ebene der Meinungsbildung in den Rußland-Artikeln, auf der Ebene der begreifenden Vernunft in der Untersuchung *Die protestantische Ethik und der Geist des Kapitalismus*.

Die Einladung in die USA kam durch den im Roscher-Aufsatz kritisierten früheren Freiburger Kollegen, den jetzigen Havard-Professor Hugo Münsterberg zustande. In einer Parallelaktion zur Weltausstellung 1904 sollte ein wissenschaftlicher Weltkongreß in St. Louis stattfinden. Dort sprach Weber vor einem sehr kleinen Hörerkreis über *Deutsche Agrarverhältnisse in Vergangenheit und Gegenwart.* Seine Frau schilderte das Ereignis ganz aus ihrer Perspektive: «Ihr könnt denken, was in mir vorging, als ich ihn seit 6 ½ Jahren zum erstenmal wieder vor einem aufmerksam lauschenden Hörerkreis stehen sah! Er sprach ausgezeichnet, sehr ruhig und doch kraftvoll ...»[190] Es waren noch andere Heidelberger Professoren eingeladen, für Max Weber war der wichtigste der Freund und Religionshistoriker Ernst Troeltsch. Die Überfahrt brachte eine große Entspannung, die als gesundheitliche Besserung und gewaltiger Appetit sich auch nach der Ankunft bewährte. Während sich die Kollegen gegen den neuen Eindruck New Yorks mokierend verschließen, war und blieb Weber unersättlich offen für alles Neue. Natürlich hat er alles gesehen, was die USA an monumentaler Sensation bieten können. Aber das Interessantere setzt sich durch im kleinen Detail, aus dem er dann über viele Stufen des Nachdenkens und Abstrahierens seine auf den Zusammenhang gerichteten Schlüsse zieht: *Nicht wesentlich größer als alle anderen war auch das Pfarrhaus neben der kleinen ... Holzkirche.*[191] Das sind Kristallisationspunkte für sein Bild von der antiautoritären Ausrichtung der Kirchen in Amerika, die bis nach Europa gewirkt hat: *Wir dürfen doch nicht vergessen, daß wir den Sekten Dinge verdanken, die niemand von uns heute missen könnte, Gewissensfreiheit und die elementarsten Menschenrechte, die uns heute selbstverständlicher Besitz sind.*[192] Aber er sah auch, wie an den Nahtstellen, wo sich die alte *Indianerpoesie* mit modernster kapitalistischer Kultur berührt, die Industrialisierung sich vorwärts frißt: *Mit geradezu rasender Hast wird alles, was der kapitalistischen Kultur im Wege steht, zermalmt.*[193] In den Südstaaten besuchte er zwei Stiefvettern, Fallenstein-Abkömmlinge aus erster Ehe, den religiösen James und den indifferenten Jefferson. Mit ihnen wohnte er einer Baptistentaufe bei.[194]

Jedenfalls prägten die zweieinhalb Monate dauernde Reise Webers Amerika-Bild anhaltend. Noch 1917 greift er darauf zurück: *Die schrankenlose politische «Demokratie» Amerikas hindert z. B. nicht, daß gesellschaftlich nicht nur ... eine rohe Plutokratie des Besitzes, sondern außerdem eine ständische «Aristokratie» im langsamen ... Entstehen ist ...*[195] Er beobachtete das *Paria*-Dasein der Neger, ob es ihm in der schlimmsten Deformation der Plantagen-Arbeiter oder in den Nuancierungen *jenes immer zunehmenden Mischvolkes aller Schattierungen* oder in der gebildeten Oberschicht begegnete, und er ist vielleicht der erste europäische Soziologe, der hinter dem biologisch sich begründenden Rassismus die politischen und soziologischen Elemente erkennt.[196]

Als 1905 in Rußland eine Revolution ausbrach, galt Webers Aufmerksamkeit so sehr diesem Prozeß, daß er innerhalb von drei Monaten sich des Russischen so weit bemächtigte, daß er die Geschehnisse in russischen Zeitungen verfolgen konnte. Er setzte zunächst Hoffnungen auf eine Liberalisierung des zaristischen Regimes, mußte sich dann aber zu der Meinung bekennen, daß höchstens ein *Scheinkonstitutionalismus* erreicht werden könnte. Besonderes Interesse zeigte Weber für das russisch-liberale Programm zur Herstellung der Autonomie nichtrussischer Nationalitäten, speziell hinsichtlich der Vorstellungen, die dort zur Lösung der Polen-Frage entwickelt wurden. Unter dem Einfluß dieses Entwurfs für eine Minderheitenpolitik hat sich Weber von der Polen-Feindschaft der Freiburger Rede gelöst und einer fairen Ausgleichspolitik zugewendet. In diesen Beobachtungen und Räsonnements zur russischen Revolution finden sich auch seine ersten Betrachtungen über die Zukunft der Demokratie: *Möchten doch ... diejenigen, welche in steter Angst davor leben, es könnte in Zukunft in der Welt z u v i e l «Demokratie» und «Individualismus» geben und zu wenig «Autorität», «Aristokratie» und «Schätzung des Amts» ... sich endlich beruhigen: es ist, nur allzusehr, dafür gesorgt, daß die*

Talcott Parsons, 1979

Bäume des demokratischen Individualismus nicht bis in den Himmel wachsen. «Die Geschichte» gebiert, nach aller Erfahrung, unerbittlich «Aristokratien» und «Autoritäten» neu ...[197]

Die dritte und bedeutendste Überwindung national orientierter Sehweise vollzog sich in der religionssoziologischen Untersuchung *Die protestantische Ethik und der Geist des Kapitalismus*. Dieses Werk ist das dem deutschen Leser vielleicht vertrauteste, zumindest das – wenn auch nur seinem spektakulären Titel und den ihm anhaftenden Mißverständnissen nach – bekannteste Werk.[198] Es ist sicherlich auch das in der westlichen Welt am meisten verbreitete Werk Webers. Der amerikanische Soziologe Talcott Parsons hat es 1930 ins Englische übersetzt, und es ist in den USA seither noch viermal aufgelegt worden. Außerdem gibt es Übersetzungen in französischer, italienischer, spanischer, portugiesischer, holländischer, norwegischer, ungarischer, serbokroatischer und koreanischer Sprache. Hier kann es nur kursorisch vorgestellt werden. Dabei zeigt sich gleich, wie sehr die Leitlinien der Weberschen Wissenschaftslehre in seine praktische Forschung hineinragen und sie dirigieren (die Zahlen in Klammern verweisen auf GARS Bd. 1): *Es wird ... die Aufgabe sein müssen ... so deutlich zu formulieren, als dies bei der unausschöpflichen Mannigfaltigkeit, die in jeder historischen Erscheinung steckt, überhaupt möglich ist. Um dies aber zu können, muß ... in die charakteristische Eigenart ... einzudringen versucht werden, die in den verschiedenen Ausprägungen der christlichen Religion uns geschichtlich gegeben sind* (29–30). Es liegt aber im Sinn des Themas, daß dabei der Katholizismus weniger als der lutherische Protestantismus, der Calvinismus und das Täufertum (Quäker, Baptisten, Mennoniten) mehr als der deutsche Protestantismus zur Sprache kommen. Außerdem ging es Weber letztlich nicht um den hehren Disput der Lehrmeinungen: *Es ist eben das, was eine religiöse Richtung als Ideal erstrebte und das, was ihr Einfluß auf die Lebensführung ihrer Anhänger faktisch bewirkte, scharf zu scheiden ...* (29). Weber kam es *mehr auf die praktische Wirkung der Religion an* (18). Er nahm seinen Ausgang von der Untersuchung eines seiner Schüler, die *den ganz vorwiegend protestantischen Charakter des Kapitalbesitzes und Unternehmertums sowohl, wie der oberen gelernten Schichten der Arbeiterschaft, namentlich aber des höheren technisch oder kaufmännisch vorgebildeten Personals der modernen Unternehmungen* (18) zutage brachte.[199] Weber warnte vor der simplen Gleichung: zuerst protestantisch – dann reich. Es ist auch in anderer Reihenfolge gegangen, dort nämlich, wo reiche Landstriche, *insbesondere aber die Mehrzahl der reichen Städte* (19) sich dem Protestantismus anschlossen. Aber gerade dann bleibt die Frage – besonders im Hinblick auf die calvinistischen Regionen *Genf und Schottland*, die *Niederlande*, *England* und *Neuengland* –: *Wie kommt es ... daß damals gerade diese ökonomisch entwickeltesten Länder ... grade die damals ... aufsteigenden «bürgerlichen» Mittelklassen jene ihnen bis dahin unbekannte puritanische Tyrannei ... über sich ergehen ließen* (20).

Nach der Einleitung verdeutlichte Weber durch Auszüge aus den Schriften Benjamin Franklins[200], was er unter dem Geist des Kapitalismus verstehen will. Es hieß in den «Necessary hints to those that would be rich» (1736) oder in dem «Advise to a young tradesman» (1748): «Bedenke, daß die Zeit Geld ist ... bedenke, daß Kredit Geld ist ... Bedenke, daß Geld von einer zeugungskräftigen und fruchtbaren Natur ist ... Die unbedeutendsten Handlungen, die den Kredit eines Mannes beeinflussen, müssen ... beachtet werden» (31–32). Weber fiel an *dieser «Philosophie des Geizes»* vor allem ... *das Ideal des kreditwürdigen Ehrenmannes* auf ... *der Gedanke der Verpflichtung des einzelnen gegenüber dem als Selbstzweck vorausgesetzten Interesse an der Vergrößerung seines Kapitals ...: daß hier nicht einfach Lebenstechnik, sondern eine eigentümliche «Ethik» gepredigt wird, deren Verletzung nicht nur als*

Torheit, sondern als eine Art von Pflichtvergessenheit behandelt wird: dies vor allem gehört zum Wesen der Sache ... es ist ein Ethos, welches sich äußert ... (33). Der Weg von dem doch auch respektablen Gewerbefleiß des Handwerks bis dahin, wo *Der Mensch ... auf das Erwerben als Zweck seines Lebens, nicht mehr das Erwerben auf den Menschen als Mittel zum Zweck der Befriedigung seiner materiellen Bedürfnisse bezogen* (35–36) ist, hat viele Stationen. Eine davon ist, als Produkt der Lehre Luthers und der Reformation: ... *die Schätzung der Pflichterfüllung innerhalb der weltlichen Berufe als des höchsten Inhaltes, den die sittliche Selbstbetätigung überhaupt annehmen könne* (69). Das hatte aber noch nichts mit dem Fleiß als Demonstration der Kreditwürdigkeit zu tun: *So blieb also bei Luther der Berufsbegriff traditionalistisch gebunden. Der Beruf ist das, was der Mensch als göttliche Fügung hinzunehmen ... hat* ... (77–78). Um von hier aus, oder daran vorbei, zum Gelderwerb als höchstem Ideal, *unter strengster Vermeidung alles unbefangenen Genießens* (35) zu kommen, mußte eine völlig andere Motivationsstruktur sich aufbauen. Sie nahm, nach Weber, ihren Ausgang von der calvinistischen Prädestinationslehre und ihrem *Dogma ... der Gnadenwahl* (89). Was dieses Dogma besagen will, läßt sich gut aus der von Weber zitierten «Westminster Confession» von 1647 ablesen: «Gott hat zur Offenbarung seiner Herrlichkeit durch seinen Beschluß einige Menschen ... bestimmt (predestinated) zu ewigem Leben und andere verordnet (foreordained) zu ewigem Tode» (90). Die Folge für die Gläubigen: *ein Gefühl einer unerhörten inneren Vereinsamung des einzelnen Individuums* (93) ... *Niemand konnte ihm helfen. Kein Prediger ... kein Sakrament ... keine Kirche ... kein Gott ... Dies: der absolute (im Luthertum noch keineswegs in allen Konsequenzen vollzogene) Fortfall kirchlich-sakramentalen Heils, war gegenüber dem Katholizismus das absolut Entscheidende* (94). *Die «Entzauberung» der Welt: die Ausschaltung der Magie als Heilsmittel, war in der katholischen Frömmigkeit nicht zu den Konsequenzen durchgeführt, wie in der puritanischen ... Religiosität. Dem Katholiken stand die Sakramentsgnade seiner Kirche als Ausgleichsmittel eigener Unzulänglichkeit zur Verfügung ... und gewährte damit die Entlastung von jener ungeheuren Spannung, in welcher zu leben das unentrinnbare ... Schicksal des Calvinisten war* (114).

An Hand der Werke des anglikanischen Pfarrers Richard Baxter zeigte Weber, was die Praxis der innerweltlichen Askese, das heißt der Genügsamkeitszucht, die sich nicht mehr hinter Klostermauern einsperrt, den Gläubigen der asketischen Sekten, zumal dem «Täufertum», zu geben vermochte: Sie ... *wirkte mit voller Wucht gegen den unbefangenen Genuß des Besitzes, sie schnürte die Konsumtion, speziell die Luxuskonsumtion, ein. Dagegen entlastete sie ... den Gütererwerb von den Hemmungen der traditionalistischen Ethik, sie sprengt die Fesseln des Gewinnstrebens, indem sie es nicht nur legalisierte, sondern ... direkt als gottgewollt ansah* (190). Jedoch zur wahren kapitalistischen Frucht wuchs die *Wahlverwandtschaft* zwischen dieser Form des Wirtschaftens und dieser Weltdeutung sich erst aus, als *der Krampf des Suchens nach dem Gottes-*

reich sich allmählich in nüchterne Berufstugend aufzulösen begann, die religiöse Wurzel langsam abstarb und utilitarischer Diesseitigkeit Platz machte ... (197). Da erst erschien der *isolierte Wirtschaftsmensch* (ebd.). *Ein spezifisch bürgerliches Berufsethos war entstanden. Mit dem Bewußtsein, in Gottes voller Gnade zu stehen und von ihm sichtbar gesegnet zu werden, vermochte der bürgerliche Unternehmer, wenn er sich innerhalb der Schranken formaler Korrektheit hielt, sein sittlicher Wandel untadelig und der Gebrauch, den er von seinem Reichtum machte, kein anstößiger war, seinen Erwerbsinteressen zu folgen und sollte dies tun* (198). Doch blieb die Lebensweise nicht bei den Unternehmern stehen. *Die Behandlung der Arbeit als «Beruf» wurde für den modernen Arbeiter ebenso charakteristisch wie für den Unternehmer die entsprechende Auffassung des Erwerbs* (201). *Der Puritaner wollte Berufsmensch sein, – wir müssen es sein ...* eine Tatsache, die ... *heute den Lebensstil aller einzelnen, die in dies Triebwerk hineingeboren werden ... mit überwältigendem Zwange bestimmt und vielleicht bestimmen wird, bis der letzte Zentner fossilen Brennstoffs verglüht ist. Nur wie «ein dünner Mantel, den man jederzeit abwerfen könnte», sollte nach Baxters Ansicht die Sorge um die äußeren Güter um die Schultern seiner Heiligen liegen. Aber aus dem Mantel ließ das Verhängnis ein stahlhartes Gehäuse werden* (203).

Webers Werk zur *Protestantischen Ethik* erschien nicht geschlossen – außer den beiden Universitätsschriften (Dissertation und Habilitationsschrift) ist kein Werk Webers zu Lebzeiten als Buch erschienen – sondern 1904 und 1905 in zwei Folgen im «Archiv für Sozialpolitik». 1909 begann eine kritische Auseinandersetzung, die bis heute nicht beendet ist. Eine «Bibliographie zur Kontroversialliteratur» von 1978 füllt 33 Seiten.[201] Weber war bis an sein Lebensende in Kritik und *Antikritik* zur *Protestantischen Ethik* verwickelt: in der von ihm noch für den Druck vorbereiteten Ausgabe von 1920 setzt er sich scharf mit der Kritik Lujo Brentanos aus dem Jahre 1916 auseinander. Zu einer mit zunehmender Verbitterung geführten Fehde kam es nach der Besprechung des Werkes durch den Historiker Felix Rachfahl im Jahre 1909. Dieser Streit brachte kaum ein Resultat, weil auf ganz verschiedenen methodologischen Ebenen argumentiert wurde.[202] Webers Hauptthesen wurden nicht entkräftet. Schon im «Objektivitäts»-Aufsatz war ein klarer Hinweis zu finden, daß *die Ableitung des Kapitalismus aus gewissen Umgestaltungen religiöser Bewußtseinsinhalte, die bei der Genesis des kapitalistischen Geistes mitspielten*[203], keine erschöpfende Erklärung bieten kann. Weitere Gründe, die zur Entstehung der modernen Wirtschaftsform beigetragen haben und die von Weber quer durch sein Werk häufig benannt werden, hat er in seiner letzten zu Ende gebrachten Vorlesung (Wintersemester 1919/20) zusammengefaßt: *Was letzten Endes den Kapitalismus geschaffen hat, ist die rationale Dauerunternehmung, rationale Buchführung, rationale Technik, das rationale Recht, aber auch nicht sie allein; es mußte ergänzend hinzutreten die rationale Gesinnung, die Rationalisierung der Lebensführung, das rationale Wirtschaftsethos.*[204] Es ist also mit der *innerweltlichen Askese* nicht nur lediglich ein Entstehungsgrund des modernen Kapitalismus aufgezeigt worden, sondern es sind andere Bereiche des asketischen Rationalismus gar nicht dargestellt worden. Deshalb weist Weber auf den beiden letzten Seiten der Protestantismus-Schrift auf ein notwendig folgendes Programm hin, das ihn über den Kapitalismus als spezifisch okzidentaler Erscheinung hinaustragen und den Rationalismus zum eigentlichen Thema seiner universalgeschichtlichen Untersuchung machen wird: *Die Aufgabe wäre vielmehr: die in der vorstehenden Skizze ja nur angeschnittene Bedeutung des asketischen Rationalismus nun auch für den Inhalt der s o z i a l p o l i t i s c h e n E t h i k, also für die Art der Organisation und der Funktionen der sozialen Gemeinschaften vom Konventikel bis zum Staat aufzuzeigen.*[205]

Über der Verlagerung des Schwerpunkts der wissenschaftlichen Arbeit ins Universelle vergaß Weber nicht die Probleme, derenthalben die *Zusammenhänge* allein Interesse beanspruchen können: *die Arbeiterverhältnisse.* Gerade zwischen 1907 und 1910 wandte er sich in besonders starkem Maß der sozialen und der Arbeitsplatzsituation der *deutschen Industriearbeiter* zu. Weil er die kapitalistische Wirtschaftsform als auferlegtes Schicksal akzeptierte, widersetzte er sich untätigem Fatalismus. Die Frage, ob die kapitalistische Entwicklung Deutschlands verhindert werden könne, hatte er schon 1897 beantwortet mit: *... n e i n, s i e k a n n n i c h t g e h i n d e r t w e r d e n, sie ist unabwendbar für uns und nur die Bahn, in der sie sich bewegt, läßt sich wirtschaftlich beeinflussen.*[206] Der Verein für Sozialpolitik beschloß 1907, in einem breit gefächerten Forschungsprojekt «Untersuchungen über Auslese und Anpassung der Arbeiter in den verschiedenen Zweigen der Großindustrie» zu betreiben.[207] Neben Schmoller gehörten auch Max und Alfred Weber, inzwischen Professor der National-Ökonomie in Prag, dem zuständigen Unterausschuß an. Sie entwarfen «Arbeitsanweisungen», die Max niederschrieb und die den Mitarbeitern zugesendet wurden. Es wurde ein klares Forschungsziel benannt: *1 ... Inwiefern haben jene Eigenarten der Zusammensetzung des Kapitals, der Entwicklung des Kapitalumschlags und der «Standardisierung» in den einzelnen Industrien ... zu Änderungen in der i n n e r e n G l i e d e r u n g der Arbeiterschaft, in deren Berufsschicksal und ihren beruflichen und «menschlichen» Qualitäten geführt? ... 2 ... in welchem Sinne die betreffende I n d u s t r i e i h r e r s e i t s ... sich g e h e m m t findet (oder zu finden glaubt) durch gegebene Qualitäten ihrer Arbeiterschaft, weil diese Qualitäten technische Neuerungen bestimmter Art e r s c h w e r e n.* Bald nach diesen «Anweisungen» schrieb Weber 1908 eine Aufsatzfolge für das «Archiv», in der er zuerst die für die Untersuchung einschlägige anthropologische und psychophysiologische Literatur unter den Gesichtspunkten *Ermüdung*, *Erholung*, *Übung* und *Gewöhnung* sondierte. Dann aber bot er Materialien einer Untersuchung dar, die er im Sommer über «lange Wochen» in der Fabrik der Oerlinghauser Verwandten angestellt hatte.[208] Methodisch handelt es sich um eine Kombination statistisch ermittelter Durchschnittswerte – schließlich war Webers Habilitationspromotor Meitzen ein angesehener Statistiker – und genauer Einzelfalluntersuchungen.[209]

Der Verein für Sozialpolitik, der sich so große Untersuchungen vornahm und sie zu Ende brachte, war allerdings nicht frei von inneren Spannungen. Ein Generationskonflikt war im Gange, der sich in inhaltlichen Divergenzen manifestierte. Gustav Schmoller war lange Zeit die unangefochten dominante Person an der Spitze. Als Anhänger von staatlichem Dirigismus und Beamtentum brachte er aus diesem politischen Lager eine große Anhängerschaft ein. Außerdem stand ihm eine große Protektionsklientel zur Verfügung, hatte er doch bei vielen Stellenbesetzungen die Hand im Spiel. Er wußte die Mehrheit des «Vereins» hinter sich. Gegen ihn entwickelte sich in diesen Jahren eine junge Avantgarde, zu denen neben Sombart und Tönnies auch die Brüder Weber zählten. Sie hatten noch kaum eine Anhängerschaft innerhalb des «Vereins», es sei denn, man rechnet ihnen die jungen Theologen zu, die Naumann mitbrachte.[210] Auf der Tagung von 1905 kam es zu einer ersten Auseinandersetzung, auf den ersten Blick kaum mehr als ein Geplänkel, zwischen ... *unserem verehrten Lehrmeister – wenn er auch mir diese Bezeichnung gestatten will, trotzdem ein unmittelbares Lehrverhältnis nicht bestanden hat* ... und Max Weber. Schmoller hatte Naumann der Demagogie geziehen, Weber stellte sich – reserviert – vor den Freund: *Er spricht nicht zu demagogischen Zwecken, sondern unter dem Zwang der richtigen idealistischen Leidenschaft ... und unter der Wirkung des Glaubens an eindeutige Entwicklungsgesetze ... die ich so wenig wie Herr Professor Schmoller mit ihm teile* ... In vorsichtigen Worten erklärte er das Verhalten des Vorsitzenden für *unzulässig*. Mehr als in den Diskussionsbeiträgen zum Ausdruck kommt, lag schon damals eine Abspaltung im Bereich des Möglichen. So muß man jedenfalls einen Brief von Max an Alfred Weber verstehen, in dem es heißt, er behalte sich vor, *draußen* zu bleiben ... *falls die Gegner auf dem Standpunkt verharren, uns als «Dekorationsstücke» und als Renommier-Radikale zu behandeln.* Eine von Weber für die «Frankfurter Zeitung» vorbereitete öffentliche Erklärung, die wahrscheinlich zur Spaltung geführt hätte, wurde durch den vermittelnden Lujo Brentano zurückgehalten.[211]

Es klang in Webers Beitrag ein anderer Gegensatz auch an: die Bürokratie-Feindschaft Webers einerseits und die Staatsbeamtenpolitik auf seiten Schmollers. Der zweite Gegensatz sachlicher Art bestand in der Orientierung der Traditionalisten an der praktischen Politik, während die Jüngeren immer wieder auf theoretische Fragestellungen insistierten. Diese konträren Standpunkte traten besonders scharf bei der Tagung in Wien 1909 auf. Der Volkswirtschaftler G. F. Knapp berichtete brieflich an den Vorsitzenden Schmoller: «In den Zeitungen wurde ... nur besprochen, daß die Gebrüder Weber gegen Bürokratie gepredigt haben ... Halte es nicht für aufkommende Meinung der jüngeren Leute, sondern für überreizte Webersche Familienansicht ... Wenn theoretische Themata beibehalten werden sollen, so müßte durch bestimmende Formulierung der Fragen dafür gesorgt werden, daß kein solches Durcheinander entsteht.» Ein anderer Teilnehmer verlangte in einem Brief an Schmoller, «daß die W e b e r s und ihre Freunde sich mäßigen lernen. Ich war ...

Rudolf Goldscheidt und Ferdinand Tönnies auf dem Soziologenkongreß Berlin, 1930

erstaunt über ... den Ton, den sie anschlugen.» Der altersweise Schmoller sah die Dinge gelassener an: «Interessant wäre mir ... zu hören, wie die Webers das Resultat von Wien ansehen. Bei allen rechts Stehenden ist die Entrüstung ... groß. Ich kann sie nicht teilen ... sie sind der Sauerteig und die Belebung unserer Tagungen; sie sind ehrliche Leute und ganz große Talente» (Brief an Arthur Spiethoff).[212] Hinter den Äußerlichkeiten verbargen sich auch jene Meinungsverschiedenheiten, die die Bedeutung und politische Funktion der Wissenschaft betrafen. Weber war der Überzeugung, daß die Wissenschaften keinen Kompromiß zwischen den streitenden Kräften in Politik und Gesellschaft begründen können. Schmoller war des Glaubens, man könne sich auf den «großen Prozeß, der die sittlichen Pflichten, Tugenden und Güter ... in den Grundzügen zu wenigen übereinstimmenden großen und letzten Idealen emporhebt», verlassen.[213]

Man kann die Gründung der Deutschen Gesellschaft für Soziologie, die am 3. Januar 1909 vollzogen wurde, als eine Sezession des Vereins für Sozialpolitik ansehen. Zum mindesten der Neigung zur Theorie wurde damit zum Durchbruch verholfen. Max Weber hatte viel Zeit und Arbeit in Reisen und Gespräche gesteckt, die zur Vorbereitung der Gründung dienten. Trotzdem kann nicht er, sondern muß der Wiener Sozialphilosoph Rudolf Goldscheidt als Gründer bezeichnet werden.[214] Da Goldscheidt eine Richtung vertrat, der die Bildung rational-wissenschaftlicher

Werturteile möglich erschien, war die Spannung von Anfang an groß. Weber hatte zwar noch Einfluß auf das erste programmatische Einladungsschreiben, das als Absicht der neuen Vereinigung ankündigte, «das eigenartige Gebilde, das wir Gesellschaft nennen, in seinem Wesen, seinen Formen, seinen Entwicklungen zu erkennen». Aber Webers Werturteils-Purismus belastete die Zusammenarbeit und die beiden ersten Soziologentage sehr.[215] Im ersten Vorstand (Ferdinand Tönnies als Präsident, Georg Simmel und Heinrich Herkner bzw. Werner Sombart als Beisitzer) war Weber «Sprecher». Diese Rolle gab ihm Gelegenheit, beim ersten Soziologentag 1910 ein reichhaltiges Forschungsprogramm vorzuschlagen, das, obgleich mit vielen interessanten Details gespickt, nur zu einem Bruchteil berücksichtigt wurde. Nach dem 2. Soziologentag 1912 zog sich Weber aus dem Vorstand zurück. Ein Auszug aus Webers Erklärung umreißt die Situation: *Ich habe mich an der Gründung dieser Gesellschaft ausgesprochenermaßen nur deshalb eifrig beteiligt, weil ich hier einen Ort wertfreier wissenschaftlicher Arbeit und Diskussion zu finden hoffte. Ich kann also nicht mit einem Vorstande zusammenarbeiten, dessen einer Vorsitzender, Herr G*(oldscheidt) ... *den entsprechenden Statutengrundsatz v o r d e m P u b l i k u m anzugreifen für richtig hielt ... eine solche Personenfrage wäre herzlich gleichgültig, w e n n Herr G. nur den Ehrgeiz besäße, die Gesellschaft rein äußerlich zu repräsentieren. Unseligerweise aber verfügt er über eine sog. Weltanschauung und erhebt im Zusammenhang damit wissenschaftliche Prätensionen ... ich habe es absolut satt, stets erneut als Don Quixote eines angeblich undurchführbaren Prinzips aufzutreten und peinliche Szenen herbeizuführen.* Neben dem offiziellen hatte die Sache auch einen ihm willkommenen Aspekt (Brief an Marianne Weber): *Ich muß jetzt ohnehin an allerlei Arbeiten gehen, die für den «Grundriß» bestimmt, Probleme aufrollen, aus denen dann Weiteres werden kann.*

Schon 1909 hatte Max Weber von dem Verleger Paul Siebeck den Auftrag übernommen, ein älteres nationalökonomisches Standardwerk unter dem Titel «Grundriß der Nationalökonomie» neu gestaltet herauszugeben; etwa zwei Jahre Zeit wurden dafür in Aussicht genommen. Es wurden alle Artikel von neuen Mitarbeitern neu geschrieben und es kann sein, daß die Einhaltung der Ablieferungstermine zu wünschen übrig ließ, immerhin erschienen ab 1914 vier von anderen Autoren verfaßte «Abteilungen». Max Webers Beitrag – viel umfassender als ursprünglich gedacht – blieb Fragment und wurde erst 1921 als *Wirtschaft und Gesellschaft* erstmals gedruckt. Was es enthalten soll und wie er es einschätzt, sagte Weber schon in einem Brief an seinen Verleger Paul Siebeck vom 30. Dezember 1913: *Ich habe eine geschlossene Theorie und Darstellung ausgearbeitet, welche die großen Gemeinschaftsformen zur Wirtschaft in Beziehung setzt: von der Familie und Hausgemeinschaft zum Betrieb, zur Sippe, zur ethnischen Gemeinschaft, zur Religion (alle großen Religionen der Erde umfassend: Soziologie der Erlösungslehren und der religiösen Ethiken ...) endlich eine umfassende soziologische Staats- und Herrschaftslehre. – Ich darf behaupten, daß es noch nichts dergleichen gibt, auch kein «Vorbild» ...*[216]

Die Fallensteinsche Villa, seit 1910 Webers Heidelberger Haus

Bis zum Beginn des Weltkriegs unternahm Max Weber viele Reisen. Wenn man sagt, daß er von 1897 bis 1918 in Heidelberg gelebt habe, so ist dies meldeamtlich fast richtig, faktisch war er – grob überschlagen – davon sechs Jahre unterwegs. Nach einer Regel, die viele Ausnahmen hatte, machte er sich gewöhnlich im Frühjahr für ungefähr zwei Monate davon,

während der Spätsommer oder der Frühherbst für «Bildungsreisen», zusammen mit Marianne Weber, genutzt wurden.

Um 1906 griff die «erotische Bewegung» auf Heidelberg über. Das war eine Strömung der psycho-sexuellen Emanzipation, die von Schwabing ihren Ausgang genommen hatte und deren Idealfiguren Frauen wie Lou Andreas-Salomé, Franziska zu Reventlow, Isadora Duncan und Alma Mahler-Werfel gewesen sind. Eine Protagonistin dieser dionysischen Erregtheit, vielleicht auch nur ihr prominentes Opfer, war Else Jaffé-Richthofen.[217] Sie hatte 1906, als sie ihre Internatsfreundin, die Riehl-Nichte

Im Garten

Frieda Schloffer, in München besuchte, deren Mann Otto Groß kennengelernt. Dieser Psychiater wollte mit religiösem Eifer Ansätze – mehr gab es damals noch nicht – der Sexualtheorie von Sigmund Freud zu einer befreienden Lebensform erheben. Obgleich Frieda Groß, die ganz im Banne ihres Mannes stand, ihr erstes Kind erwartete, ließ Else Jaffé sich auf Beziehungen zu Groß ein. Groß beherrschte einige Zeit wie ein Guru einen Liebesbund, dem sich mehrere Frauen verschworen hatten. 1907 bekam Else Jaffé ein Kind, dessen Vater Otto Groß war; Max Weber wurde Taufpate. Etwa um die gleiche Zeit bekam auch die Dichterin

Regina Ullmann ein Kind von Groß. Elses Schwester Frieda Weekley-Richthofen, physische Partizipantin des Liebesbundes nur bei einem Treffen in Amsterdam, steckte damals noch in einer unglücklichen Ehe mit einem englischen Lektor, den sie in Freiburg kennengelernt hatte. Doch nahm sie am glühendsten die Ideen von Otto Groß auf. Deshalb stellt ihre von England aus mit Groß geführte Korrespondenz am deutlichsten den glücklich-ernsten, jedenfalls nicht frivolen Zug der erotischen Verschwörung dar. Er zeigt aber auch, mit welch großer Berechtigung Weber den Psychiater Groß einen *«Konfusionsrat»* nannte. Frieda heiratete bald den englischen Dichter D. H. Lawrence, dessen Romane stark von Großschen Überzeugungen geprägt sind. Else Jaffé-Richthofen scheint am ehesten sich aus dem Bund herausgewunden zu haben, schon allein wegen der schnöden Vergeßlichkeit, die Groß gegen seine Kinder an den Tag legte. Ihre Ehe mit Jaffé allerdings hatte einen nicht heilbaren Bruch bekommen.

Die Lösung Elses von Groß ging auch auf den Einfluß von Weber zurück, der dessen Ideen feindlich gegenüber stand. Groß hatte 1907 dem «Archiv» einen Aufsatz zur Veröffentlichung angeboten. In einem sehr langen Brief an Edgar Jaffé nahm Weber dazu Stellung. Er nennt Groß einen Charismatiker, der aus der – im ganzen vielleicht brauchbar erscheinenden – Lehre Freuds eine fadenscheinige «Weltanschauung» machen will: *Der ganze Aufsatz platzt förmlich von lauter Werturteilen ... in eine fachwissenschaftliche Zeitschrift gehört kein Aufsatz, der eine Predigt sein will – und eine schlechte Predigt ist.*[218] In einem anderen Brief nahm er mit Groß die gesamte Bewegung aufs Korn: *Es ist doch ein mächtiges Netz ganz gröblicher Selbsttäuschungen, in welches alle diese Leute eingesponnen sind ... Dr. X* (d. i. Otto Groß) *habe keine sinnlichen Bedürfnisse und lebe nur aus «Menschenliebe» polygam? Das ist Unsinn.*[219]

Das Ehepaar Weber zog 1906 aus dem engen Zentrum Heidelbergs auf die andere Neckarseite in eine Mietwohnung, fünf Häuser von der Fallensteinschen Villa entfernt. Die Neumöblierung nach Wunsch und Stil Mariannes mußte damals noch durch den Verkauf wertvoller Originalradierungen finanziert werden. Erst ein Jahr später, als 1907 der Oerlinghauser Onkel Karl Weber, dessen Verlagsbetrieb längst in eine Fabrik umgewandelt worden war, starb, kam Max Weber ein Vermögen zu, das ihm finanzielle Unabhängigkeit gewährte.[220] Im gleichen Jahr wurde Alfred Weber, nicht dem Stellenhaushalt, aber der Sache nach, Max Webers Nachfolger, indem er auf den Lehrstuhl Karl Rathgens berufen wurde. Während die Brüder in der Öffentlichkeit einmütig auftraten, lebte die in der Familiengeschichte angelegte Rivalität fort. Max Weber hielt sich von den halböffentlichen Vortrags- und Diskussionszirkeln, die sein Bruder ins Leben rief und mit denen er das geistige Klima Heidelbergs sehr erwärmte, zurück, ohne sie absolut zu meiden. Aber es gibt auch Zeugnisse dafür, daß Alfred Weber sich mit aller Kraft gegen die Superioritätsgeltung des älteren Bruders stemmte. So berichtet Edgar Salin, erst Schüler, dann Freund Alfred Webers, daß dieser «besser als sein Bruder und als die immer etwas ahnungslose Schwägerin» gewußt habe, daß die frühere geistige Nähe

Alfred Weber, um 1957

nicht mehr bestehe, daß ihm jedoch «ein stilles Leben im Schatten des Titanen» unmöglich gewesen sei.[221] Else Jaffé-Richthofen erwähnte eine «große Auseinandersetzung», bei der Alfred «mit großer Heftigkeit seine geistige Selbständigkeit» betont habe.[222] Ende 1909 nahm die Freundschaft zwischen Alfred Weber und Else Jaffé einen innigeren Charakter an, aus dem sich eine Liebesbeziehung entwickelte. Damit fand die Bindung an Otto Groß ihr Ende. Groß beschwerte sich in einem Brief an Elses Schwester Frieda: «Ein alter Freund tauchte auf, der das demokratische Prinzip in Person ist und der mir immer schon unendlich widerwärtig war ...» und nannte diese Beziehung eine «Mesalliance».[223] 1911 zog Else Jaffé – ihr Mann hatte einen Ruf an die Handelshochschule München angenommen – nach Wolfratshausen ins Isartal. Dorthin sandte Alfred während des Semesters «täglich Briefe» und wohnte in den

Freizeiten in einer nahen Ferienwohnung.[224] In Heidelberg wurde ihr Wegzug als Verlust empfunden, zum Beispiel von dem Literaturwissenschaftler Friedrich Gundolf (Brief an E. R. Curtius): «Mit Alfred Weber und Frau Jaffé hatte ich herrliche Gespräche – beide noblen Menschen müssen Sie ... kennenlernen ...», und wenig später: «Ein Jammer dass ... Frau Jaffé Heidelberg verlassen» will. Auch Edgar Salin betont die große Bedeutung, die Frau Jaffé als ausgleichende Person zwischen den damals in Heidelberg scharf konkurrierenden Parteien, dem George-Kreis und dem Freundeskreis um Max Weber, zukam: Sie «hat durch ihre freundschaftliche Neigung zu beiden Seiten viel dazu beigetragen, dass die ... geistigen Gegensätze nicht – oder nie auf lange – zu menschlicher Entfremdung führten»[225]. Die erotische Bewegung hat im Hause Weber nicht nur zu endlosen Diskussionen geführt, sondern auch bei Max Weber eine starke emotionale Verkrampfung lösen helfen. Die Atmosphäre im Elternhaus der Brüder war gerade in emotional-erotischen Dingen

Friedrich Gundolf

Max Webers Mutter, um 1914

von dem moralischen Rigorismus der Mutter Helene bestimmt worden. Von ihr hat die ihr sehr vertraute Schwiegertochter Marianne berichtet, «daß ihre Natur, wie die ihrer Mutter unsinnlich veranlagt war», und daß «die körperliche Seite der ehelichen Gemeinschaft ihr keine Quelle der Freude, sondern ein schweres Opfer, und zugleich Sünde» gewesen sei.[226] Alfred hatte sich, wie die Briefe von Freundinnen an den Schüler zeigen, früh, wenn auch heimlich, aus dem Verdikt gegen alles Erotische gelöst.[227] Max ist auch in dieser Beziehung länger von der Mutter abhängig geblieben. Einmal gefragt, wie er den pubertären Erlebnissen, zu denen die Mitstudenten manchmal animieren, entgangen sei, erklärte er, wie Don Quijote die Windmühlen, die Kommilitonen für die wahren Feinde: *... ich focht sie alle an die Wand und soff sie alle unter den Tisch.*[228] Um 1907 aber entwickelte sich in ihm eine zarte Neigung zu der jungen Pianistin Mina Tobler, die bis in die letzten Lebensjahre bestand.[229]

Tragik, Triumph, Tod

1909 war die Deutsche Gesellschaft für Soziologie gegründet worden, Max Weber war einer ihrer Initiatoren. Im Gegensatz zum Verein für Sozialpolitik beabsichtigte die Neugründung eine entschiedene Hinwendung zu theoretischen Fragestellungen. Im Hinblick auf das «Gebilde, das wir Gesellschaft nennen» bedeutete dies eine Distanzierung auf zwei Ebenen. Es mußte nun zu Erörterungen und Aussagen kommen, deren Sinn nicht darin bestand, ein direktes Eingreifen in die soziale Wirklichkeit zu ermöglichen: dies war eine Distanzierung gegenüber der vom «Verein» angezielten politischen Wirklichkeit. Es war aber auch ein Abstandnehmen von der historischen Wirklichkeit intendiert, die nicht mehr in erzählender, beschreibender Darstellung eingefangen und dargeboten werden sollte. Sondern sie sollte mehr nach Zusammenhängen geordnet und mit umfassenderen, von dem Geschehen abgehobenen Begriffen zugänglich gemacht werden: dies war eine Distanzierung von den Methoden der «historischen Schule». So sehr diese Entwicklung aus der geschichtlichen Situation, in der alle Beteiligten standen, Anstöße und Richtung empfing, es ging um Prinzipielles, um Entscheidungen, die scheinbar aus der Aktualität geboren, in ihrer Bedeutung doch weit über diese hinausragten. Es ging um die Etablierung einer neuen Wissenschaft in Deutschland, welche die neue wissenschaftliche Vereinigung in ihren Namen aufgenommen hatte: um Soziologie.

Max Weber, der Ausbildung nach Jurist, der Berufstätigkeit nach bisher Nationalökonom, muß sich ab 1909 als Soziologe verstanden haben. Ein Feind aller Begriffe ohne inhaltliche Bestimmung, war er genötigt, sich und anderen zu sagen, was er unter «Soziologie» verstand. Diese Begriffsbestimmung vollzog er in einem Aufsatz von 1913, der unter dem Titel *Über einige Kategorien der verstehenden Soziologie* stand.[230] Sie lautete in ihrer abstraktesten (späteren) Fassung:

Soziologie (im hier verstandenen Sinn dieses sehr vieldeutig gebrauchten Wortes) soll heißen: eine Wissenschaft, welche soziales Handeln deutend verstehen und dadurch in seinem Ablauf und seinen Wirkungen ursächlich erklären will. «Handeln» soll dabei ein menschliches Verhalten (einerlei ob äußeres oder inneres Tun, Unterlassen oder Dulden) heißen, wenn und insofern als der oder die Handelnden mit ihm einen subjektiven Sinn verbinden. «Soziales» Handeln aber soll ein solches Handeln heißen, welches seinem von dem oder den Handelnden gemeinten Sinn nach auf das Verhalten anderer bezogen wird und daran in seinem Ablauf orientiert ist.

Als im August 1910 der Heidelberger Onkel Adolf Hausrath gestorben war, wurde die Fallensteinsche Villa zur Vermietung frei. Schließlich bezogen das Ehepaar Weber und der Religionshistoriker Ernst Troeltsch dieses Anwesen Ziegelhäuser Landstraße 17. Recht unbekümmert ließen sich Max und Marianne Weber von der gefühlsbeladenen und von der Naturschönheit des Neckartals behüteten Idylle einnehmen. Marianne Weber sprach in Briefen oder Aufzeichnungen überschwenglich von der «Süße des Frühlings» und der nachfolgenden Jahreszeit. Georg Simmel, als Besucher, scheint von dem verborgenen Unheimlichen etwas gespürt zu haben, als er sagte: «Das ist zu schön – damit kann man nicht leben.»[231] Um 1911 wendete sich Weber der Musik zu, vor allem in Berlin, wo er sich jetzt winters gern aufhielt. Mina Tobler hatte dabei einen großen Einfluß: *Die kleine Tobler begleitete glänzend, dazwischen spielte sie Mozart und Chopin ... Auch physisch so anmutig und resolut kräftig zugleich, daß es eine Freude war.* Etwa zu dieser Zeit entstand der erst 1921 erstmals veröffentlichte Entwurf *Die rationalen und soziologischen Grundlagen der Musik. Ich werde wohl über gewisse soziale Bedingungen der Musik schreiben, aus denen sich erklärt, daß nur wir eine harmonische «Musik» haben, obwohl andere Kulturkreise ein viel feineres Gehör und viel mehr intensive Musikkultur aufweisen. Merkwürdig! – Das ist ein Werk des Mönchtums, wie sich zeigen wird.*[232] Zu der idyllischen Gelassenheit nach innen, im familiären Bezirk, kontrastierte eine merkwürdige Gereiztheit Webers nach außen, die fast schon Streitsucht genannt werden kann. Aus einem Anlaß, dessen Inhalt anzugeben nicht eine Zeile wert ist, ließ Weber eine Duellforderung zustellen, die der Betroffene mit einer Beleidigungsklage beantwortete. Vor den Augen der staunenden Bürger traten die Kontrahenten die Affäre im «Heidelberger Tageblatt» breit.[233] Süffisant berichtete eine auswärtige Zeitung darüber unter dem Titel «Alt Heidelberg du Feine». Der Streit nahm seinen tragikomischen Verlauf über zwei Gerichtsinstanzen – inzwischen ging es schon um Meineid und die berufliche Existenz stand auf dem Spiel –, wofür Weber dem Kontrahenten die Schuld gab: *Ihnen war hinlänglich bekannt, welche Tragweite die Behauptung hat, daß ein Mann, der sich öffentlich wiederholt als Duellanhänger erklärt hat, der ferner seine Beziehung zu einer hiesigen Couleurverbindung, der er angehörte, aufrecht erhält, und der alljährlich als Offizier seine Kriegsbeorderung erhält, unter dem notorisch unwahren Vorwand: er sei gesundheitlich an der Waffenführung behindert, es abgelehnt habe, die Ehre seiner Frau zu vertreten ...* Kaum war diese Fehde ausgestanden, als eine neue anbrach. Jetzt ging es um unhaltbare Vorwürfe verlagsrechtlicher Bedeutung, die, hätte Weber darüber hinweg geschaut, schnell an Substanzmangel gestorben wären, zumal sie Weber persönlich gar nicht betrafen. Auch hier ließ Weber eine Säbelforderung *zu den schwersten nach akademischem Brauch zulässigen Bedingungen* ergehen. Auf diese und andere Erfahrungen stützen sich jene Stimmen, die ihn als «auf Schritt und Tritt immer wieder gereizt» charakterisieren,

Die Villa in Heidelberg, Ziegelhäuser Landstraße

und die, wenn sie die Familiengeschichte kennen, an das «Hanebüchene» des Großvaters erinnern. Weber selbst: *... sie wissen: ich bin ein oft sehr schroffer Mensch.*[234]

Um den Besucherstrom, der in Webers Haus zu beliebigen Zeiten eindrang, in überschaubare Kanäle zu bringen, wurde 1912 der berühmte Sonntags-Jour fix eingerichtet. Es lassen sich die Namen der vielen Besucher nicht aufzählen, und so sollen nur jene genannt werden, deren Auftauchen hier – als Webers Denken konträre Geister – überrascht: Ernst Bloch, Georg Lukács, Ernst Toller, Stefan George.[235] Nicht alle nahmen dankbare Erinnerungen mit, zum Beispiel George: «... er [Weber] war ein Krakeeler, politisch eingestellt, aber kein Politiker.»[236]

Weber hielt sich sowohl im Frühjahr 1913 als auch im Jahr darauf in Ascona auf. Dort lebten in dieser Zeit einige emanzipativ-anarchische

Im Garten: Gedenkstein an das Heidelberger Rektorat Adolf Hausraths

Im Garten

Ernst Bloch

Georg Lukács

Frauen der erotischen Bewegung. Manche sind in Vaterschafts-, Scheidungs- und Sorgerechtsprozesse verwickelt; ihnen galt Webers juristischer Beistand und rechtspraktischer Rat. Es war Frieda Groß-Schloffer, der seine besondere Hilfe zukam. Zeitweilig muß er sich in diesem Kreis, wo *nur das Außeralltägliche und die wechselnden Erlebnisse* galten, wohl gefühlt haben, gegen ihn geschützt durch die Verantwortungspflicht, die ihn hergebracht hatte. Von einem Ausflug nach Zürich schrieb er an Marianne: *Jetzt geht es … wieder «heim». Wenn ich diese Welt voll Zauberweiber, Anmut, Tücke und Glücksbegier so nennen soll, solange nicht alles dort getan ist, was … getan werden muß, soll man sich nicht umsonst geplagt haben … zwischen diesen … hintergrundslosen Eindrücken einer nur auf Sensation gestellten Welt, war es eine … Oase der Reinheit … gestern diese Fahrt nach der Ufenau mit dem andersartigen, aber in seiner distanten und zart schwärmerischen Art so «nobel» wirkenden Kinde* (Mina Tobler).

Die vielen jungen und ganz jungen Männer, die am letzten Juli-Sonntag 1914 noch das Webersche Haus gefüllt hatten, zerstreute eine Woche später das Sarajevo-Attentat in alle Himmelsrichtungen. Weber selbst, fünfzigjährig, wurde beim Kriegsausbruch Disziplinaroffizier des Lazarettwesens in und um Heidelberg. In Wirklichkeit stürzte er sich oder muß sich in die Belebung zwanzig Jahre alter und damit unbrauchbar gewordener Organisationspläne stürzen; eine große Herausforderung für einen, der von sich selbst sagt, er sei *persönlich so wenig wie irgend möglich zur Wirtschaftlichkeit und Ordnung qualifiziert.* Chauvinistisch wie die große Mehrzahl der europäischen Männer (und Frauen) von 1914, beklagte er sein unheldisches Los und setzte sich kompensierend und träumerisch an die Spitze einer Kompanie. An die Mutter schrieb er: *Vielleicht bin ich von Deinen Söhnen der am meisten kriegerisch veranlagte* ... Den Krieg pries er – *trotz allem* – als *groß* und *wunderbar.*[237] Er löste die ihm übertragene Aufgabe mit hohem, die eigene Krankheit verscheuchendem Elan, war aber im Umgang mit vorgesetzten Behörden ärgerlich und unwirsch, auf eine skurrile Weise renitent.

Die Realität des Krieges ließ vieles schnell in einem neuen Licht erscheinen. Bald erreichte Weber die Nachricht vom Kriegstod seines Schwagers, des Mannes von Lilli, seiner jüngsten Schwester. Ihr, der Mutter von vier Kindern, muß er, neben dem patriotischen Ritual, Wahres sagen oder verstummen: ... *seltsamerweise hatte ich gerade an die Möglichkeit, daß das Schicksal uns von dieser Seite: Dich gerade treffen könnte, gar nicht gedacht. So stehen wir denn in unserer Trauer mit Dir noch unvorbereitet wie im Frieden.*[238] Im August 1915 begleitete er Lilli an das Grab in Polen: *Dieser Eindruck da oben: Das Grab auf dem Sturzacker, das kleine seltsame adlige Dorf ... die «Weltferne» ... dies alles, und viele Erin-*

Ernst Toller

Stefan George

1914/15

nerungen bewegten mich mehr, als ich in Worten auszudrücken vermochte (Brief an die Mutter).[239]

Wenn Weber in mehreren Briefen davon sprach, daß der Krieg *groß* und *wunderbar* sei, so gab er damit Zeugnis davon, daß er wie die meisten von der Stimmungswoge erfaßt worden war, die in den ersten Kriegsjahren auch die daheim Tätigen zu ungewöhnlichen Leistungsfähigkeiten empor oder davon trug. Man kann diese Stimmung schnell als Hurra-Patriotismus diffamieren, aber was ist damit anderes gewonnen als die Selbstzufriedenheit. Gibt es eine Antwort auf die Frage, warum Groß und Klein, Arm und Reich, Stadt und Land, Intellektuelle und Kleinbürger ihr nahezu einmütig verfallen sind? Möglicherweise ist ihr Weber nahe gekommen: *Der Krieg als die realisierte Gewaltandrohung schafft, gerade in den modernen politischen Gemeinschaften, ein Pathos und ein Gemeinschaftsgefühl und löst dabei eine Hingabe und bedingungslose Opfergemeinschaft der Kämpfenden ... als Massenerscheinung aus, welcher die Religionen im allgemeinen nur in Heroengemeinschaften der Brüderlichkeitsethik ähnliches zur Seite zu stellen haben. Und darüber hinaus leistet der Krieg dem Krieger selbst etwas, seiner konkreten Sinnhaftigkeit nach, Einzigartiges: in der Empfindung eines Sinnes und einer Weihe des Todes, die nur ihm eigen ist ... Und von jenem Sterben, welches gemeinsames Menschenlos ist und gar nichts weiter, ein Schicksal, welches jeden ereilt, ohne daß je gesagt werden könnte, warum gerade ihn und gerade jetzt ... von diesem lediglich unvermeidlichen Sterben scheidet sich der Tod im*

Felde dadurch, daß hier, und in dieser Massenhaftigkeit n u r hier, der Einzelne zu wissen g l a u b e n kann, daß er «für» etwas stirbt.[240]

Der politischen Führung des deutschen Reiches in Gestalt des Hohenzollernkaisers Wilhelm II. stand Max Weber schon lange skeptisch, dann geradezu feindlich gegenüber. Schon 1906 warnte er Friedrich Naumann in einem Brief davor, den Kaiser durch eine Art Vertrauensvotum zu stärken und seiner Politik zuzustimmen: *Das Maß von Verachtung, welches uns als Nation im Ausland ... nachgerade – mit Recht! das ist das Entscheidende – entgegengebracht wird, w e i l wir uns d i e s e s Regime d i e s e s Mannes gefallen lassen, ist nachgerade ein Machtfaktor von erstklassiger «weltpolitischer» Bedeutung ... geworden.* Zwei Jahre später: *Der König von England hat Ehrgeiz und Macht, der deutsche Kaiser hat Eitelkeit und begnügt sich mit dem S c h e i n der Macht ... Die Hohenzollerndynastie kennt nur die K o r p o r a l s form der Macht: Kommando, Parieren, Strammstehen, Renommage ...* Als Weber sich 1916 zur Vorbereitung einer Denkschrift gegen die Verschärfung des U-Boot-Kriegs in Berlin aufhielt, überkam ihn ein deprimierender Eindruck: *Und mir ist, als ob eine Horde Irrsinniger uns regierte.* Allein die wenigen Briefe an Mina Tobler, die Baumgarten wiedergibt, lassen erkennen, wie in der Mitte des Jahres 1916 Webers Stimmung umschlägt: *Unsere armen Kerle draußen ... werden es aushalten ... so lange wie es nötig ist.* Seine Reizbarkeit kostete ihn manche Freundschaft, sein Haß konzentrierte sich auf den

Als Leiter eines Militärlazaretts, 1914/15

Wilhelm II.

Kaiser: «Max Weber hat sich im Krieg zu einem derartigen Radikalismus entwickelt und beurteilt die ganze Lage derart pessimistisch und feindselig, daß er sich total isoliert hat ... Ältere politische und prinzipielle Differenzen brachen bei ihm durch, so daß er ohne besonderen Anlaß aufs schroffste mit mir gebrochen hat. Sein Leben ist im Grunde ein fortwährendes Duell mit allem, was er als Korruption ansieht, und vor allem mit der Person des Kaisers, den er für das meiste verantwortlich macht» (E. Troeltsch an P. Honigsheim, 12. Juni 1917).[241]

1917 trat Max Weber mit Artikeln an die Öffentlichkeit, in denen er seine Vorstellungen von der politischen Struktur Deutschlands nach dem Krieg vortrug. An der Notwendigkeit der Demokratisierung gab es für ihn nicht nur wegen der Erfahrungen mit dem «persönlichen Regiment» des Kaisers, sondern aus allgemeineren Gründen keinen Zweifel: *Die «Demokratisierung» im Sinne der Nivellierung der ständischen Gliederung durch den Beamtenstaat ist eine Tatsache. Man hat nur die Wahl: in einem bürokratischen «Obrigkeitsstaat» mit Scheinparlamentarismus die Masse der Staatsbürger rechtlos und unfrei zu lassen ... oder sie als Mit-*

herren des Staates in diesen einzugliedern. Ein Herrenvolk *aber ... hat in dieser Hinsicht keine Wahl. Man kann die Demokratisierung sehr wohl ... vereiteln ... Aber es würde sich bald zeigen, daß dies um den Preis der ganzen Zukunft Deutschlands geschähe. Alle Kräfte der Massen sind dann gegen einen Staat engagiert, in dem sie nur Objekt und an dem sie nicht Teilhaber sind.* Übrigens kam, zwei Jahre später, auch deshalb der *Sozialismus* als Lösung für Weber nicht in Betracht, denn gerade in ihm sei *die Diktatur des Beamten* gewiß.[242]

In der Frage nach dem Grad der Zentralisation des Staates hielt Weber an föderativen Grundsätzen fest. Dabei hat gewiß die Erfahrung mit dem *Hegemoniestaat Preußen* eine Rolle gespielt. Es sollte dem Bundesrat eine weit höhere Bedeutung als dem Reichstag zukommen. Wenn Weber den politischen Parteien auch zahlreiche Funktionen unter den Bedingungen der *Massendemokratie* zumaß, bedeutender war ihm eine oberhalb der Parteien und des Parlaments angesiedelte, in jeder Hinsicht unabhängige Elite von Führungspersönlichkeiten, die er sich offenbar für neue Ideen und damit für sozialen Wandel beweglicher in jeder Hinsicht als die an ihren Positionen hängenden Parteifunktionäre vorstellte: *Die ganze breite Masse der Deputierten fungiert nur als Gefolgschaft für den oder die wenigen «leader», welche das Kabinett bilden, und gehorcht ihnen blind, solange sie Erfolg haben ... Stets beherrscht das «Prinzip der kleinen Zahl», d. h. die überlegene politische Manövrierfähigkeit kleiner führender Gruppen, das politische Handeln.* Diese Führungselite geht nicht aus der Masse hervor, sondern diese Volksführer (*Demagogen*) werben um die Gefolgschaft, um so die Masse für sich zu gewinnen. Das kraftvolle Parlament findet seine Aufgabe hauptsächlich in Zeiten des Übergangs und der Suche geeigneter Nachfolger; es sichert die politische Kontinuität und die staatsrechtlichen Garantien und bildet mit dem ihm zugestandenen Enqueterecht, der Möglichkeit, Untersuchungsausschüsse zu bilden, eine Kraft gegen die Staatsbürokratie.[243]

Als Max Weber in den letzten Kriegsjahren diese Vorstellung entwickelte, ging er, bei aller Feindschaft gegen Wilhelm II., davon aus, daß die Monarchie in Deutschland über das Kriegsende hinaus bestehen bleibe. Als dann aber die Frage nach einer republikanischen Verfassung akut geworden war, plädierte er, nachdem *der erste Reichspräsident ... von der Nationalversammlung gewählt worden* war, dafür, daß *der künftige ... unbedingt vom Volke unmittelbar gewählt werden* soll.[244]

Im Herbst 1915 schied Max Weber vom Lazarettdienst, nicht ohne einen organisationspraktischen Erfahrungsbericht zu hinterlassen. Er wandte sich sofort wissenschaftlichen Projekten zu, die schon vor dem Krieg begonnen worden waren und denen er in den letzten Monaten der Lazarettzeit einen kleinen Teil des Arbeitstags gewidmet hatte. Im November ging er für mehrere Monate nach Berlin, einmal um nur dort vorhandenes Material über Indien religionssoziologisch nutzen zu können, aber wohl auch in der Absicht, an der Diskussion aktueller politischer Probleme (Polen-Frage, Annexions- und Friedenspläne, U-Boot-Krieg) beteiligt zu sein.

1917/18

Mitte Oktober und Ende Dezember 1915 erschienen im «Archiv für Sozialwissenschaft und Sozialpolitik» zwei religionssoziologische Untersuchungen, die sich mit dem Konfuzianismus befaßten. Jedoch lösen Über- und Untertitel die scheinbare Fixierung auf eine bestimmte Religion auf und stellen das Ganze in einen größeren Zusammenhang: *Die Wirtschaftsethik der Weltreligionen. Religionssoziologische Skizzen. Einleitung. Der Konfuzianismus. I. II.* und die zweite Folge: *Die Wirtschaftsethik der Weltreligionen. (Zweiter Artikel). Der Konfuzianismus III, IV. (Schluß). Zwischenbetrachtung. Stufen und Richtungen der religiösen*

Weltablehnung. Es handelt sich dabei wahrscheinlich um jene Teile, von denen Weber sagte, sie seien *zwei Jahre vorher niedergeschrieben und Freunden vorgelesen* worden. Von ihnen läßt sich bisher nur einer, Georg Lukács, identifizieren.[245] Es folgten über die nächsten fünf Jahre die anderen Weltreligionen: *Hinduismus und Buddhismus* (1916 und 1917), *Das antike Judentum* (1917–20): ... *wegen seiner teils wirklichen, teils angeblichen historischen Eigenbedeutung für die Entfaltung der modernen Wirtschaftsethik des Okzidentes* ... (GARS I, S. 238). Die Titel lassen andere Weltreligionen vermissen und zeigen damit den fragmentarischen Charakter des Gesamtwerks auf. Aus einem Brief Webers vom Herbst 1919 ist die geplante Fortführung zu ersehen; die vorliegenden Aufsätze sollten ergänzt werden ... *durch eine der Entstehung der sozialen Eigenart des Occidents gewidmete Skizze der Entwicklung des europäischen Bürgertums in der Antike und im Mittelalter ... Ein dicker Band wird die Darstellung des Urchristentums, des talmudischen Judentums und des Islams und des orientalischen Christentums enthalten, ein Schlußband das Christentum des Occidents behandeln.*[246] Parallel zu den Untersuchungen zur *Wirtschaftsethik* lief die Arbeit an *Wirtschaft und Gesellschaft*, Webers Beitrag zum «Grundriß der Sozialökonomie». An beiden Werken hat Weber von 1910 an gearbeitet. Beide Werke sollten gleichzeitig veröffentlicht werden. Es besteht nach Webers Bemerkung sogar der sachliche Bezug der gegenseitigen Erhellung, waren doch *die Aufsätze ... auch bestimmt ...*

Auf Burg Lauenstein, 1917; rechts im Hintergrund neben Max Weber: Ernst Toller

den religionssoziologischen Abschnitt (von *Wirtschaft und Gesellschaft*) *zu interpretieren und zu ergänzen (allerdings auch in vielen Punkten durch ihn interpretiert zu werden).*[247]

In der Einleitung zur *Wirtschaftsethik* betonte Weber wiederum, *daß ... nicht die ethische Theorie ... sondern die in den psychologischen und pragmatischen Zusammenhängen der Religionen gegründeten praktischen Antriebe zum Handeln ...* für ihn in Betracht kommen. Gewarnt durch die Mißverständnisse, denen er sich mit der *Protestantischen Ethik* ausgesetzt hatte, legte er sein Verständnis von den Zusammenhän-

gen zwischen Wirtschaftsethik und den Formen des Wirtschaftens gründlich dar: *Eine Wirtschaftsethik ist keine einfache «Funktion» wirtschaftlicher Organisationsformen, ebensowenig wie sie umgekehrt diese eindeutig aus sich heraus prägt. Keine Wirtschaftsethik ist jemals nur religiös determiniert gewesen ... Zu den Determinanten der Wirtschaftsethik gehört als eine – wohlgemerkt: nur e i n e – auch die religiöse Bestimmtheit der Lebensführung. Diese selbst aber ist natürlich wiederum innerhalb gegebener geographischer, politischer, sozialer, nationaler Grenzen durch ökonomische und politische Momente tief beeinflußt.* Dies ist eine jener in Webers

Zuhörer Max Webers auf Burg Lauenstein, 1917

Gesamtwerk so zahlreichen Passagen, die sich auf Karl Marx beziehen lassen und die uns berechtigen, von einer implizit geführten Auseinandersetzung Webers mit Marx zu sprechen. Hier nahm Weber nicht nur mögliche Kritik vorweg, um sich dagegen abzusichern, sondern er entfaltete auch die ganze Breite des Inhalts, die dann wieder eingeschränkt werden muß: *In diesen Darlegungen kann es sich ... nur um den Versuch handeln, jeweils die richtunggebenden Elemente der Lebensführung derjenigen sozialen Schichten herauszuschälen, welche die praktische Ethik ... am stärksten bestimmend beeinflußt und ihr die charakteristischen ... Züge aufgeprägt haben.*[248]

Aufs Ganze gesehen holen die Untersuchungen zur *Wirtschaftsethik der Weltreligionen* jene Entwicklung ein, wie sie am Ende der Protestantismus-Arbeit angekündigt worden war: das bis dorthin reichlich behandelte Thema Kapitalismus hat sich vorwärtsgeschoben und erweitert zum Thema *Rationalismus* und krönt so das Webersche Werk nicht als Resultat, sondern als in mannigfacher Gestalt lange schon vorhandene Erkenntnis. Keineswegs im ... *bürgerlichen Betriebskapitalismus mit seiner rationalen Organisation der freien Arbeit ...*[249] allein ist die bewegende Kraft des Rationalismus zu finden. Kunst, Recht, Politik und Wissenschaft sind in den gleichen Prozeß einbezogen. Der Religion gar kommt eine besondere, aktive Rolle zu: *Die Erfahrung von der Irrationalität der Welt war ja die treibende Kraft aller Religionsentwicklung*[250], was heißt, daß Religion, auf welcher Stufe auch immer, stets dem Irrationalismus widerstehende, also rationalisierende Elemente aufbringt. Dies könnte als das wichtigste ihrer innerweltlichen Heilsgüter gelten. Nun läßt sich mit minderer Gefahr einer Verkürzung des Themas die von Weber gehegte Absicht in dessen Worten zusammenfassen: *Gegenstand ist überall die Behandlung der Frage: worauf die ökonomische und soziale Eigenart des Occidents beruht, wie sie entstanden ist und insbesondere in welchem Zusammenhang sie mit der Entwicklung der religiösen Ethik steht.*[251]

Max Weber widmete in den Jahren zwischen 1915 und 1920 seine wissenschaftliche Energie fast ausschließlich der mit seinem Interesse an der Gesellschaftsgeschichte des Okzidents verbundenen Forschung. 1917 erschien allerdings eine nochmals mehr wissenschaftstheoretisch orientierte Arbeit: *Der Sinn der «Wertfreiheit» der soziologischen und ökonomischen Wissenschaften.*[252] Jedoch handelt es sich dabei um eine Nachfrucht seines mehr als ein Jahrzehnt währenden kompromißlosen Beharrens auf diesem ihm unerläßlichen wissenschaftlichen Prinzip *Wertfreiheit*. Die Diskussion des Werturteilsproblems, von 1909 an im Verein für Sozialpolitik geführt, nötigte ihm ein Gutachten ab, das er 1913 anfertigte und dessen Resultate nun in die *Wertfreiheits*-Schrift eingingen. Die Diskussion hierüber wurde und wird bis heute dadurch beschwert, daß, was Weber klar unterschieden hat, oft in einen Topf geworfen wird. Manchmal wird die 1. Wertbeziehung mit eingeflochten, die aber, wie früher dargestellt, nur die Auswahl der Forschungsgegenstände betrifft. Dann wird die Forderung Webers an den Hochschullehrer, sich 2. offener oder versteckt suggestiver politischer

Auf Burg Lauenstein, 1917

Wertungen bei der Vorlesung zu enthalten, nicht erkannt als eine, die mit der folgenden nichts zu tun hat. Diese nächste Forderung besagt, daß 3. keine subjektiven Wertvorstellungen des Forschers (auch keine ihm kollektiv zugewachsenen) in die Untersuchung einfließen und so das Ergebnis verfälschen dürfen: Sein und Sein-sollendes darf nicht verwechselt werden. 4. Wertungen sind innerhalb der wissenschaftlichen Untersuchung nur von Interesse als Gegenstand des Forschens, als Objekt der Wissenschaft. Schließlich hatte Weber nichts einzuwenden gegen die 5. Wertdiskussion unter Wissenschaftlern: sie stellt den eigenen Wertstandpunkt klarer vors eigene Auge und sie läßt den Standpunkt des Diskussionspartners deutlicher hervortreten. Mit der wissenschaftlichen Forschung selbst hat sie nichts zu tun.

Der Krieg hatte die Reisen Webers nach Südeuropa unterbunden. Geplante Rußland-Reisen waren unmöglich geworden. So kam es jetzt zu Ferien am Bodensee. Aufenthalte in Oerlinghausen, der Heimat Mariannes, bei Verwandten ja auch von Weber selbst, konnten wochenlang Erholung bieten. Nach neunzehnjähriger Pause trat Weber wieder vor einem großen Hörerkreis als Redner auf. Ein führender Mann der Fortschrittlichen Partei lud ihn nach München ein, damit er dort über *Deutschland unter den europäischen Weltmächten* spreche. Bei dieser Gelegenheit entwickelte Weber aus der europäischen Mittellage Deutschlands Bedrohungsvisionen, die erst 1945 Realität wurden. 1917 wurde er zweimal zu Tagungen auf die Burg Lauenstein in Thüringen eingeladen, wo der Verleger Eugen Diederichs prominente Personen aus der gelehrten, politischen und künstlerischen Welt mit jungen Deutschen zusammenbrachte, um über Zukunftsmöglichkeiten Deutschlands zu diskutieren. «Führerprobleme im Staat und in der Kultur» hieß ein Tagungsthema.[253] Anschließend marschierte Weber durch die Thüringer Wälder, wo er 30 Jahre vorher mit dem Vater gewandert war. Er trat dem «Volksbund für Freiheit und Vaterland» bei, der ein Gegengewicht zu den sich formierenden konservativen Kräften darstellen sollte. In einer Vortragsreihe, in München veranstaltet vom «Freistudentischen Bund», sollte vorgestellt werden, welche Möglichkeiten die Gegenwart den geistigen Berufen beläßt und was sie von ihnen Neues fordert. Weber übernahm es, die Situation der Wissenschaft zu charakterisieren.[254] Aus den Elementen seiner bisherigen wissenschaftsreflektierenden Arbeiten schälte er als unabdingbare Tugend die Hingabe an *die Sache* heraus und stellte sie gegen den romantischen *Götzen* der *«Persönlichkeit»*. Wissenschaft kann sich nur vollziehen in der *Spezialisierung: Die zunehmende Intellektualisierung und Rationalisierung bedeutet also nicht eine zunehmende allgemeine Kenntnis der Lebensbedingungen ... Sondern sie bedeutet ... das Wissen davon oder den Glauben daran: daß man, wenn man nur wollte, es jederzeit erfahren könnte, daß es also prinzipiell keine geheimnisvollen unberechenbaren Mächte gebe ... daß man vielmehr alle Dinge – im Prinzip – durch Berechnen beherrschen könne. Das aber bedeutet: die Entzauberung der Welt.*

Was immer er allein oder mit anderen unternahm, um den Fall des

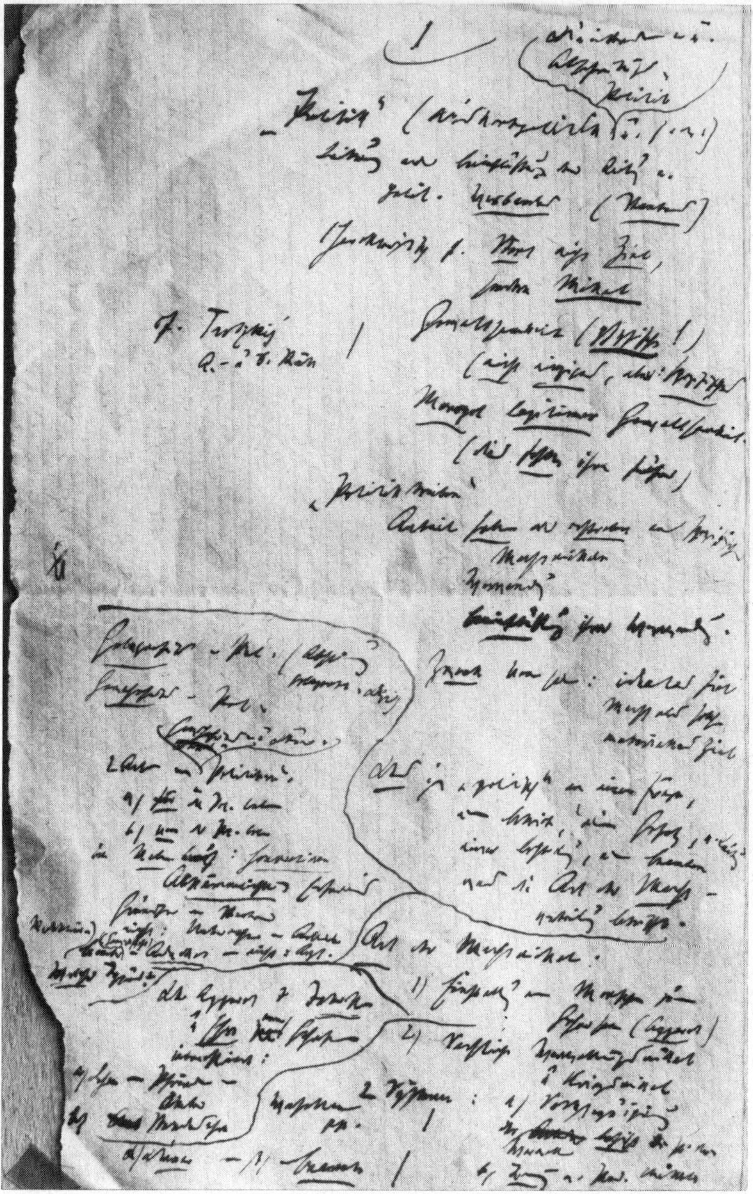

Manuskriptzettel zu «Politik als Beruf», München 1919

1919

Deutschen Reiches nicht zu schmählich werden zu lassen: indem er mit der Friedensdelegation nach Versailles ging, eine Denkschrift zur Kriegsschuldfrage erarbeitete, den General Ludendorff zur Selbstauslieferung aufforderte – das Ende des Krieges, *der für jeden eine Lebensepoche bedeutete*[255], stürzte ihn in eine tiefe Trauer. Er las zu dieser Zeit Shakespeares «Richard der Zweite». Bei dem Versuch, die Szene vorzulesen, in der Richard Krone und Zepter abgibt (4. Aufz. 1. Sz.), soll ihm die Stimme versagt haben.[256]

Ein auf Zuspruch unternommener Versuch, über die Kandidatur auf der Liste des hessen-nassauischen Wahlkreises einen Platz in der Politik einzunehmen, scheiterte kläglich schon auf der untersten Ebene der Deutschen Demokratischen Partei. Im April 1920 trat er wegen der Forderung nach «Sozialisierung» aus der Partei.[257] Doch ließ er sich intensiv mit der Politik noch einmal ein in einem Vortrag, *Politik als Beruf*, den er in der Münchner Reihe 1919 an Stelle von Friedrich Naumann übernahm (die Zahlen in Klammern beziehen sich auf GPS): *Die Politik bedeutet ein starkes langsames Bohren von harten Brettern mit Leidenschaft und Augenmaß zugleich* (560). Dazu kommt als dritte unabdingbare Tugend die Verantwortlichkeit (546). Verantwortungsethisches Handeln ist aber die eine mögliche Form ethisch orientierten Han-

Kurt Eisner

delns, der eine zweite gegenübersteht: das gesinnungsethisch orientierte Handeln: ... *es ist ein abgrundtiefer Gegensatz, ob man unter der gesinnungsethischen Maxime handelt ... «Der Christ tut recht und stellt den Erfolg Gott anheim» – oder unter der verantwortungsethischen: daß man für die (voraussehbaren) Folgen seines Handelns aufzukommen hat* (551–552). Aber auch für den, der die Folgen seines Handelns in sein Tun einbezieht, kann der Punkt kommen, an dem ihm die Konfrontation mit seinen obersten Idealen abfordert zu sagen: *«Ich kann nicht anders, hier stehe ich» ... Insofern sind Gesinnungsethik und Verantwortungsethik nicht absolute Gegensätze, sondern Ergänzungen, die zusammen erst den echten Menschen ausmachen, den, der den «Beruf zur Politik» haben kann* (559).

Unter den vielen Lehrstuhl-Angeboten von deutschen Universitäten entschied Weber sich – nach einem Probesemester in Wien – 1919 für München, wo er die Nachfolge Lujo Brentanos antrat.[258] Er hatte sich in einem solchen Maße politisch profiliert, daß ihm die Politik in den Hörsaal folgte: erregte Worte über die Begnadigung des Kurt Eisner-Attentäters Graf Arco bringen ihn in harte Konfrontation mit der rechten Studentenschaft. Auch eine Zeitungszuschrift, die aber nicht veröffentlicht wird, nur dem Inhalt nach ruchbar wurde, in der er den bayerischen Regierungschef Ritter von Kahr scharf angriff, blieb in ihren Nachwirkungen nicht vor den Toren der Universität: in beiden Fällen wurde Weber vor den Senat der Universität zitiert. Das kann ihn nicht sehr berührt haben, denn er war *dem Hasardbetrieb des akademischen Wesens*[259] innerlich nie stark verbunden. Schon in Wien hatte sich die Überzeugung durchgesetzt: *Nein – ich bin für die Feder und für die Rednertribüne geboren, nicht für den Katheder.* Auch wurde bereits wieder die Auswechslung der gerade übernommenen «Ordentlichen Professur» in eine weniger anstrengende «außerordentliche» erwogen. Oder gar: *Ich hätte nichts dagegen, hier in eine Zeitung oder einen Verlag einzutreten, statt Professor zu spielen. Solche Verwaltungsarbeit kann ich ja besser leisten, als diese Kollegschwätzerei, die mich seelisch nie befriedigt.*[260]

Im Sommersemester 1919 las Weber über *Die allgemeinsten Kategorien der Gesellschaftswissenschaft*, im Wintersemester 1919/20 gab er, weil die *Kategorienlehre* den Studenten zu abstrakt war, einen *Abriß der universalen Sozial- und Wirtschaftsgeschichte.*[261] Einige Tage vor dem Beginn der Vorlesungen im Juni 1919 wohnte Max Weber in Wolfratshausen im Isartal, wo er sich nun öfter als Gast aufhielt. Es besteht kein Zweifel daran, daß Weber um diese Zeit (1919/20) eine innige, rauschhafte Liebesbeziehung zu Else Jaffé-Richthofen hatte, die schon den Ausschlag gab, als er sich für München entschied. Dies kann gesagt werden, auch wenn die etwa hundert Briefe von Weber an Frau Jaffé noch nicht öffentlich zugänglich sind. Die wenigen Äußerungen, die dazu von Eduard Baumgarten gemacht worden sind, demjenigen, der bis zu seinem Tod 1982 auch den Briefnachlaß Webers verwaltete[262], lassen darüber keine Zweifel. Dazu gibt es in Webers Werk Passagen, die nach Baumgartens Darstellung mit Else Jaffé kurz vor Webers Tod besprochen worden sind, und die mehr als das im Brief vorherrschende Tagesdetail jenes Erlebnis im Kern darbieten. Gleichzeitig werfen sie ein Licht auf Max Webers Ehe. Sie legen schließlich ein Zeugnis ab von der hohen Beständigkeit des Weberschen Denkens nicht nur über die Jahre, sondern auch über die verschiedenen Stufen der Reflexion und Abstraktion hinweg.

Am 2. September 1893 hatte Weber seiner Cousine Emmy Baumgarten in einem Brief versichert, daß er sich *stark genug fühle, nun das große Maß von Verantwortung auf mich zu nehmen, welches in dem Bunde mit einer Frau, die mir ihr Lebensglück anvertraut, für mich liegt*[263]. Auch sei daran erinnert, daß Weber seine Braut in seinem Werbebrief *mein hochherziger Kamerad* genannt hatte. An beides knüpft er in der *Wirtschaftsethik der Weltreligionen I* an. So wird sich das Folgende dank einer gewis-

Else Jaffé-Richthofen, um 1919

sen Identität der Wortwahl diskret mit diesen Briefstellen in Beziehung setzen lassen (die Zahlen in Klammern beziehen sich auf GARS I):

Der «Kamerad» ... war das mit allem Liebeszeremoniell begehrte Objekt gerade im Zentrum der hellenischen Kultur. Der Eros Platons ist infolgedessen, bei aller Herrlichkeit, doch ein stark temperiertes Fühlen: die Schönheit der bacchantischen Leidenschaft ... war in dieser Beziehung offiziell nicht rezipiert. Die Möglichkeit einer Problematik und Tragik prinzipieller Art wurde in die erotische Sphäre zunächst durch bestimmte Verantwortungsansprüche eingeschaltet, welche im Okzident christlicher Provenienz sind (559) ... *Rein innerweltlich angesehen, kann nur die Verknüpfung mit dem Gedanken ethischer Verantwortlichkeit für einander – also einer gegenüber der rein erotischen Sphäre heterogenen Kategorie der Beziehung – dem Empfinden dienen: daß in der Abwandlung des verantwortungsbewußten Liebesgefühls durch alle Nuancen des organischen Lebensganges hindurch: «bis zum Pianissimo des höchsten Alters», in dem Einander-Gewähren und Einander-schuldig-werden (im Sinne Goethes) etwas Eigenartiges und Höchstes liegen könne* (563).

Dieser tragischen Liebe setzt Weber an gleicher Stelle die triumphierende Liebe entgegen: *Die letzte Steigerung des Akzents der erotischen Sphäre vollzog sich auf dem Boden intellektualistischer Kulturen schließlich da, wo sie mit dem unvermeidlich asketischen Einschlag des Berufs-*

Blick vom Weberschen Haus aufs Heidelberger Schloß

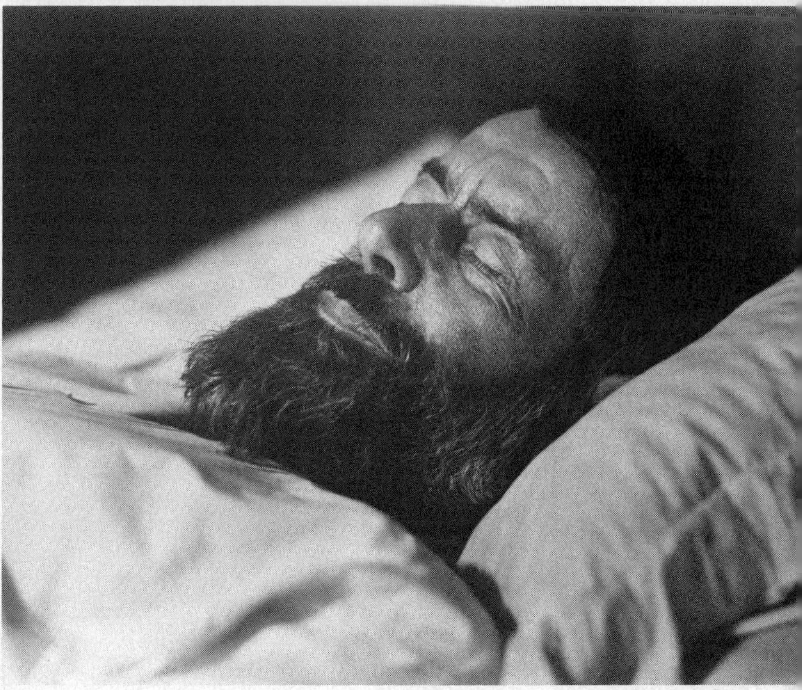

Auf dem Totenbett

menschentums zusammenstieß. Es konnte unter diesem Spannungsverhältnis zum rationalen Alltag das außeralltäglich gewordene, speziell also das ehefreie, Geschlechtsleben als das einzige Band erscheinen, welches den ... Menschen noch mit der Naturquelle alles Lebens verband. Die so entstehende gewaltige Wertbetontheit dieser spezifischen Sensation einer innerweltlichen Erlösung vom Rationalen: eines seligen Triumphes darüber, entsprach in ihrem Radikalismus der unvermeidlich ebenso radikalen Ablehnung ... Diese Spannung aber mußte im Falle der systematischen Herauspräparierung der Sexualsphäre zu einer hochwertigen, alles rein Animalische der Beziehung verklärend umdeutenden erotischen Sensation ... werden ... Gerade deshalb, weil die erotische Beziehung unter den angegebenen Bedingungen den unüberbietbaren Gipfel der Erfüllung der Liebesforderung: den direkten Durchbruch der Seelen von Mensch zu Mensch, zu gewähren scheint. Allem Sachlichen: Rationalen, Allgemeinen so radikal wie möglich entgegengesetzt, gilt die Grenzenlosigkeit der Hingabe hier dem einzigartigen Sinn, welchen dies Einzelwesen in seiner Irrationalität für dieses und nur dieses andere Einzelwesen hat ... Gerade darin: in der Unbegründbarkeit und Unausschöpfbarkeit des eigenen, durch kein Mittel

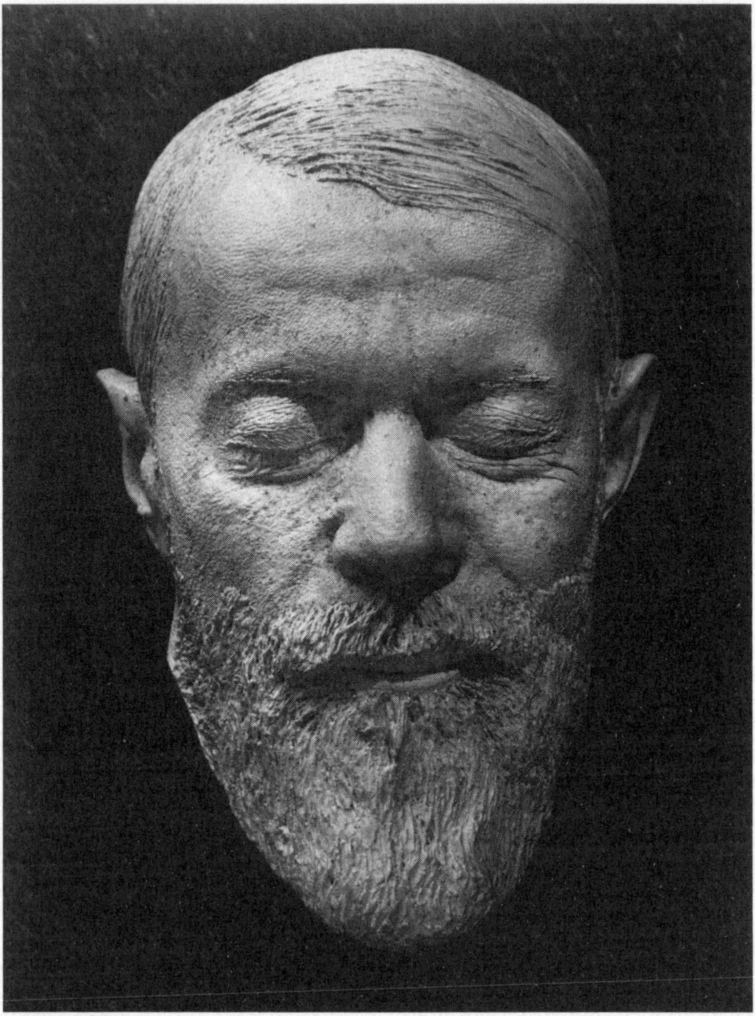

Die Totenmaske

kommunikablen, d a r i n dem mystischen «Haben» gleichartigen Erlebnisses, und nicht nur vermöge der Intensität seines Erlebens, sondern der unmittelbar besessenen Realität nach, weiß sich der Liebende in den jedem rationalen Bemühen ewig unzugänglichen Kern des wahrhaft Lebendigen eingepflanzt, den kalten Skeletthänden rationaler Ordnungen ebenso völlig entronnen wie der Stumpfheit des Alltages (560–561).

Die Abmeldung von Heidelberg ist amtlich auf den 15. Juni 1919 datiert. Der Umzug in eine kleine, wohl als Provisorium gedachte Wohnung vollzog sich später.[264] In den Herbstwochen 1919 kehrte Max Weber noch einmal in das großelterliche Haus in Heidelberg zurück, um Abschied zu feiern: *Später finden wir uns hier alle wieder zusammen*, schrieb er an seine Schwester Lilli. Diese Hoffnung trog. Am 14. Oktober 1919 starb die Mutter, Helene Weber, in Berlin. Sie wurde, wie der Vater, auf dem Friedhof bei Kreuzberg beerdigt. Weber will es nicht wahr haben: ... *ich werde da nie hingehen; für mich ist sie im Heidelberger Garten* ... Am 7. April 1920 schied die jüngste Schwester Lilli durch Gasvergiftung freiwillig aus dem Leben. Die vier Kinder, die sie hinterließ, wurden von Marianne Weber 1927 adoptiert.[265]

Kurz vor Fronleichnam 1920 erkrankte Weber an einer Erkältung, die sich in der Woche darauf zur Lungenentzündung ausbreitete. Beide Frauen, Marianne Weber und Else Jaffé, sind in seiner Nähe, im Haus Seestraße Nr. 3 am Englischen Garten (heute Nr. 16).[266] Am Montag, den 7. Juni, besprach er mit der Freundin die Dedikationen der im Druck befindlichen und geplanten Bände. *Wirtschaft und Gesellschaft* trägt die Widmung: *Dem Andenken meiner Mutter Helene Weber geb. Fallenstein 1844–1919.* Von den *Gesammelten Aufsätzen zur Religionssoziologie* ist der erste Band *Marianne Weber 1893 «bis ins Pianissimo des höchsten Alters»* gewidmet. Die Widmung des zweiten Bandes heißt: *Mina Tobler zugeeignet*, die des dritten Bandes *Else Jaffé-Richthofen zugeeignet.*

Am 14. Juni 1920, montags, ist Max Weber gestorben. In Heidelberg wurde er begraben.

Anmerkungen

Schlüssel der Abkürzungen für Titel häufig zitierter Werke Max Webers oder der Sekundärliteratur:

Jugendbriefe	= Max Weber: Jugendbriefe 1876–1893 (1936)
GARS I, II, III	= Gesammelte Aufsätze zur Religionssoziologie Bd 1 (1972), Bd 2 (1972), Bd 3 (1971)
GPS	= Gesammelte politische Schriften (1971)
GAW	= Gesammelte Aufsätze zur Wissenschaftslehre (1982)
WuG	= Wirtschaft und Gesellschaft (1976)
GASW	= Gesammelte Aufsätze zur Sozial- und Wirtschaftsgeschichte (1924)
GASS	= Gesammelte Aufsätze zur Soziologie und Sozialpolitik (1924)
WG	= Wirtschaftsgeschichte (1981)
PE I, II	= Die protestantische Ethik I und II (1978)
Lebensbild	= Marianne Weber: Max Weber. Ein Lebensbild (1950)
Baumgarten	= Eduard Baumgarten: Max Weber. Werk und Person (1978)
Gedächtnis	= René König u. Johannes Winckelmann: Max Weber zum Gedächtnis (1963)
Mommsen	= Wolfgang J. Mommsen: Max Weber und die deutsche Politik 1890–1920 (1974)

(Genaue Angaben der Titel s. Bibliographie S. 140f)

1 Jugendbriefe S. 368 – Zur Familie allgemein siehe Heidi Rosenbaum: Formen der Familie. Untersuchungen zum Zusammenhang von Familienverhältnissen, Sozialstruktur und sozialem Wandel in der deutschen Gesellschaft des 19. Jahrhunderts. Frankfurt a. M. 1982, S. 339–361.

2 Arthur Mitzman: The Iron Cage. An Historical Interpretation of Max Weber. New York 1971, S. 6–7; Martin Green: Else und Frieda, die Richthofen-Schwestern. O. O. 1976, S. 123; H. H. Gerth u. C. W. Mills (Hg.): From Max Weber. Essays in Sociology. New York 1946, S. 28–29

3 GPS S. 20

4 Siehe Lebensbild S. 13–14, 17–18, 47–48; Alfred Weber spricht von «Reisen, welche mein Vater ziemlich regelmäßig mit einem oder mehreren von uns Söhnen unternahm. Ihre Höhepunkte bildeten eigentlich immer Heidelberg, wo meine Mutter mit den jungen Geschwistern Jahr für Jahr die Sommerferien zubringt»; siehe Nachlaß Alfred Weber, Bundesarchiv Koblenz, Vita A. Weber, Fasc. 2.

5 Anonym (Georg Gottfried Gervinus): Georg Friedrich Fallenstein. Erinnerungsblätter für Verwandte und Freunde. Heidelberg 1854, S. 10 – Vgl. Lebensbild S. 1, wo sich Marianne Weber auf die «Authentischen Mitteilungen» von Gervinus beruft, aber einen spär-

lichen Gebrauch davon macht. Vielleicht ist dies eine späte Auswirkung davon, daß diese «Erinnerungsblätter» für Max Weber lange auf dem väterlichen Index verbotener Bücher standen; siehe Lebensbild S. 54–55

6 Gervinus: Fallenstein S. 17

7 Gervinus, Fallenstein S. 39 bietet aus dem Briefwechsel zwischen Fallenstein und Jahn Proben dieses «Lapidarstils», von dem zumindest die Schimpfe «Hundsfott» in Max Webers Wortschatz Aufnahme findet; siehe Lebensbild S. 724, 743, 744

8 Gervinus, a. a. O., S. 10

9 Lebensbild S. 6–7

10 Otto Döhner: Das Hugenottengeschlecht Souchay de la Duboissière und seine Nachkommen. Neustadt, S. 272

11 Döhner, a. a. O., S. 13, 33–34

12 Gervinus, a. a. O., S. 63

13 Gervinus, a. a. O., S. 66

14 Gervinus, a. a. O., S. 74–79, 83, 91; Lebensbild S. 24–25

15 Lebensbild S. 8

16 Anonym (Emilie Souchay): Erinnerungsblätter an meine Kindheit und Jugend, gdr. bei K. Grüninger, Stuttgart 1882; hier zit. nach Lebensbild S. 9, 12–13, 16

17 Lebensbild S. 23, 24, 28

18 Lebensbild S. 24–26; Baumgarten S. 629. Es handelt sich um einen nicht-datierten «Begleitbrief» Max Webers zu den Aufzeichnungen der Mutter, der vor August 1915 (nicht wie Baumgarten: 1918) geschrieben worden sein muß

19 Lebensbild S. 27

20 Wolfgang J. Mommsen: Max Weber und die deutsche Politik 1890–1920. 2. Aufl. Tübingen 1974, S. 2

21 Lebensbild S. 33

22 Lebensbild S. 29–30, 197–198

23 Ebd. S. 33, S. 34–35

24 Baumgarten S. 629

25 Lebensbild S. 39

26 Ebd. S. 561–562

27 Ebd. S. 37

28 Alfred Weber, Zukünftiges. In: Neue Rundschau 26 (1915), S. 1154

29 Lebensbild S. 562

30 Baumgarten S. 302

31 Weber-Nachlaß, Bundesarchiv Koblenz, Konzept Lebenslauf Alfred Weber (von Else Jaffé), Fasc. 51 und Vita Alfred Weber, Fasc. 2

32 James J. Sheehan: Der deutsche Liberalismus. München 1983, S. 190–211, bes. Tab. S. 199

33 Lebensbild S. 562

34 Ebd. S. 49–50

35 Ebd. S. 41

36 Ebd. S. 562

37 Jugendbriefe S. 4, 16

38 Ebd. S. 10; Lebensbild S. 51–62

39 Ebd. S. 27

40 Lebensbild S. 51; vgl. Jugendbriefe S. 25

41 Jugendbriefe S. 19

42 Ebd. S. 30–31

43 Ebd. S. 3

44 Ebd. S. 5–7

45 Ebd. S. 24 (Brief vom 22. Juni 1879); vgl. auch Lebensbild S. 71

46 Lebensbild S. 563

47 Jugendbriefe S. 253–254 (Brief an Emmy Baumgarten)

48 Lebensbild S. 55

49 Baumgarten S. 631: «Es herrschte zugleich eine tiefe, aus vielfältigen Quellen genährte Rivalität zwischen diesen beiden Brüdern.»

50 Nachlaß A. Weber Bundesarchiv Koblenz, Fasc. 51; zu diesem Komplex Eberhard Demm: Alfred Weber und sein Bruder Max. Kölner Zeitschrift für Soziologie 35 (1983), S. 1–28; s. auch Helmuth Plessner, in: Gedächtnis, S. 31

51 Nachlaß A. Weber, Bundesarchiv Koblenz Fasc. 48

52 Jugendbriefe S. 108; das Formelhafte wird erst recht sichtbar, wenn man diese mit einer Stelle am Schluß eines Briefs vom 8. August 1884 vergleicht; s. Jugendbriefe S. 126: *Und ich wünsche Dir in erster Linie, daß Du auf diesem Wege mit Erfolg weitergehen und für Dein Denken und Handeln das Richtige herausfinden mögest, Dir selbst zur Zufriedenheit und unseren Eltern zur Freude.*

53 Brief von Alfred an Max Weber. 2. August 1887, Nachlaß A. Weber BA Koblenz Fasc. 48

54 Jugendbriefe S. 264–265
55 Ebd. S. 21 (an Fritz Baumgarten, 19. Januar 1879)
56 Lebensbild S. 585 (an die Schwester Lilli, 1914)
57 Ebd. S. 584
58 Jugendbriefe S. 176–177
59 Lebensbild S. 192; Baumgarten S. 316: «Er ... hat ein zärtlich-brüderliches Verhältnis zu seinen jüngeren Schwestern, davon dasjenige zur zweitjüngsten bis an die Grenze beiderseitiger Leidenschaft anwächst ...»
60 Jugendbriefe S. 340, 457
61 Nachlaß A. Weber, BA Koblenz, Fasc. 51
62 Lebensbild S. 71–73, 54
63 Ebd. S. 65, 68, 55
64 Ebd. S. 65
65 Jugendbriefe S. 20 (an Fritz Baumgarten)
66 Lebensbild S. 67 (an Alfred Weber)
67 Johannes Winckelmann: Max Webers Dissertation, in: Gedächtnis, S. 12
68 Lebensbild S. 74
69 Jugendbriefe S. 74, 71, 41, 53, 64, 50–51
70 Lebensbild S. 74–75
71 Jugendbriefe S. 75
72 Lebensbild S. 76 und Jugendbriefe S. 348
73 Jugendbriefe S. 52, 48
74 Ebd. S. 38, 43, 53
75 Lebensbild S. 79, 236
76 Jugendbriefe S. 132 und Lebensbild S. 469–470
77 GPS S. 278–279
78 *Roscher und Knies und die logischen Probleme der historischen Nationalökonomie.* In: GAW S. 81
79 Jugendbriefe S. 51, 62
80 Ebd. S. 62, 122
81 Ebd. S. 112
82 Ebd. S. 79, 92, 77, 130, 89–90
83 Ebd. S. 104, 96
84 Ebd. S. 115, 100, 119
85 Ebd. S. 135–136, 127
86 Lebensbild S. 44–45, 95–96
87 Gedächtnis S. 13
88 Lebensbild S. 44–45, 54
89 Jugendbriefe S. 80–81
90 Ebd. S. 113, 114–115
91 Ebd. S. 121
92 Lebensbild S. 103–104
93 Ebd. S. 214
94 Hermann Baumgarten: Der deutsche Liberalismus. Eine Selbstkritik. In: Preußische Jahrbücher XVIII (1866) S. 455–515, 575–629. – Zit. nach H. Baumgarten: Der deutsche Liberalismus. Hg. und eingel. von A. M. Birke, Frankfurt a. M. 1974
95 Ebd. S. 138, 145, 45, 149
96 Mommsen S. 7
97 Jugendbriefe S. 66, 74; Ida Baumgarten, von den vier Schwestern am meisten ausgestattet mit dem Fallensteinschen Widerwillen gegen Subordination, hatte früher als alle anderen, nämlich als dem Sohn Fritz 1877/78 im privaten Umgang mit Treitschke dessen «Ungerechtigkeiten und Taktlosigkeiten merkwürdig nahe» gingen, in einem Brief Vorsicht geboten: es «sind ... Erfahrungen, die einem zeigen, daß man einem menschlichen Führer immer nur eine Strecke Weges folgen darf» (Baumgarten S. 623)
98 Jugendbriefe S. 145; Baumgarten S. 104
99 Jugendbriefe S. 231–232
100 Ebd. S. 232; vgl. A. Mitzman: The Iron Cage, S. 36, der diesen Brief in Parallele zu Webers Vaterverhältnis setzt
101 Jugendbriefe S. 103; Baumgarten S. 621
102 Jugendbriefe S. 144, 145
103 Mommsen S. 6, Fußn. 20
104 Jugendbriefe S. 234
105 Mommsen S. 132
106 Lebensbild S. 123
107 Jugendbriefe S. 198, 199
108 Lebensbild S. 124
109 Jugendbriefe S. 281; weit über die Studentenzeit hinaus gilt Baumgartens (S. 618) Charakteristik: «Er war von ganzer Seele Kumpan, Kumpan des zutrauenden fröhlichen Moments: Zechkumpan, Kumpan im Gesang, Kumpan im wilden Erzählen und Aufschneiden.»
110 Baumgarten S. 629
111 Lebensbild S. 160, 163
112 Baumgarten S. 629; Jugendbriefe

S. 225
113 Ebd. S. 629; Jugendbriefe S. 276
114 Jugendbriefe S. 297, 295
115 Ebd. S. 298–300, 273
116 GPS S. 157, 309; Mommsen S. 17–19
117 Jugendbriefe S. 272–273
118 *Entwicklung des Solidarhaftprinzips und des Sondervermögens der offenen Handelsgesellschaft aus den Haushalts- und Gewerbegemeinschaften in den italienischen Städten.* Inaugural-Dissertation zur Erlangung der juristischen Doktorwürde von der Juristischen Fakultät der Königl. Friedrich-Wilhelms-Universität zu Berlin genehmigt. Stuttgart 1889; Max Weber: *Zur Geschichte der Handelsgesellschaften im Mittelalter. Nach südeuropäischen Quellen.* Stuttgart 1889; Max Weber: *Die römische Agrargeschichte in ihrer Bedeutung für das Staats- und Privatrecht.* Stuttgart 1891
119 Jugendbriefe S. 338–339
120 Lebensbild S. 199
121 Ebd. S. 202–203
122 Ebd. S. 204–207
123 Jugendbriefe S. 367–368
124 Lebensbild S. 219–220
125 Gerd Hohorst, Jürgen Kocka, Gerhard A. Ritter: Sozialgeschichtliches Arbeitsbuch Bd II. Materialien zur Statistik des Kaiserreiches 1870–1914. 2. Aufl., München 1979, S. 173–174
126 M. Rainer Lepsius: Demokratie in Deutschland als historisch-soziologisches Problem. In: Spätkapitalismus oder Industriegesellschaft? Verhandl. d. 16. dt. Soziologentages, Stuttgart 1969, S. 208
127 Mommsen S. 109
128 Jugendbriefe S. 143
129 Friedrich-Wilhelm Henning: Die Industrialisierung in Deutschland 1800 bis 1914. 5. Aufl., Paderborn 1979, S. 266
130 Hans Rosenberg: Wirtschaftskonjunktur, Gesellschaft und Politik in Mitteleuropa 1873–1896. In: Moderne deutsche Sozialgeschichte. Hrsg. v. H.-U. Wehler, Köln 1966, S. 233–240
131 F.-W. Henning: Industrialisierung S. 231–232, 234
132 G. Hohorst u. a., Arbeitsbuch S. 52
133 Jugendbriefe S. 308
134 Reinhard Bendix: Max Weber – Das Werk. Darstellung, Analyse, Ergebnisse. München 1964, S. 368
135 Baumgarten S. 90, 96, 88, 95, 94
136 GPS S. 7–8
137 Baumgarten S. 99
138 Peter Theiner: Sozialer Liberalismus und deutsche Weltpolitik. Friedrich Naumann im Wilhelminischen Deutschland (1860 – 1919). Baden-Baden 1983, S. 28
139 Mommsen S. 20–21
140 P. Theiner: Liberalismus S. 34
141 zit. nach Theiner: Liberalismus S. 36
142 Baumgarten S. 323; GPS S. 27
143 Lebensbild S. 256–257, 313
144 GASW S. 467–468
145 Baumgarten S. 363–364; zur Einschätzung von Webers empirischen Arbeiten s. A. Oberschall: Empirical Social Research in Germany 1848–1914. Paris–Den Haag 1965; diesen teilweise revidierend Friedrich Heckmann: Max Weber als empirischer Sozialforscher. In: Zeitschrift für Soziologie 8 (1979), S. 50–62, speziell zu den Landarbeiter-Enqueten S. 52–56
146 P. Theiner, Liberalismus S. 38
147 Max Weber: *Die Börse. I. Zweck und äußere Organisation.* In: Göttinger Arbeiterbibliothek, hrsg. v. Friedrich Naumann, 1. Bd., S. 17–48, Göttingen 1894 – Max Weber, *Die Börse. II. Der Börsenverkehr,* a. a. O., 2. Bd., S. 49–80, Göttingen 1896; hier zit. nach GASS S. 256–258, vgl. auch R. Bendix, Max Weber S. 18, 25–30
148 Lebensbild S. 91
149 Ebd. S. 249
150 Max Weber: Art. *Börsenwesen.* In: Handwörterbuch der Staatswissenschaften. Jena 1895, S. 241–252, zit. nach Mommsen S. 79
151 GPS S. 13–14; der Vortrag wurde umgehend publiziert. Max Weber: *Der Nationalstaat und die Volkswirtschaftspolitik.* Akademische Antrittsrede. Freiburg u. Leipzig

(8. Juli) 1895
152 GPS S. 20, 21–22, 24 u. S. 23
153 Verhandlungen des 8. Evangelisch-sozialen Kongresses 1897, S. 113; zit. nach Mommsen S. 78 – Paraphrase zu Römer-Brief 1,16
154 P. Theiner, Liberalismus S. 48 – 49; Mommsen S. 74–76
155 P. Theiner, Liberalismus S. 51. Theodor Heuß: Friedrich Naumann. Stuttgart 1937 (s. Baumgarten S. 617) weist dezent auf den Einfluß Paul de Lagardes und des irrationalistischen «Rembrandtdeutschen» Julius Langbehn hin, beides Namen, die bei Weber keine Rolle spielen. Lediglich «Friedrich Nietzsches Kulturkritik», ebenfalls von Heuß benannt, könnte als zeitweilig gemeinsamer intellektueller Ausgangspunkt angesehen werden.
156 Lebensbild S. 224, S. 218
157 Ebd. S. 225–226, 237
158 Fritz Baumgarten ist der Vater des hier häufig zitierten (Eduard) Baumgarten (1898–1982)
159 M. Green, Else und Frieda, S. 76, 48
160 Lebensbild S. 237–249
161 Mommsen S. 106–107
162 Lebensbild S. 264, 265
163 Baumgarten S. 629
164 Lebensbild S. 564
165 Lebensbild S. 265–266, 269–270, 271–274
166 Baumgarten S. 639
167 Lebensbild S. 279–285
168 Baumgarten S. 639–640
169 Lebensbild S. 288–289, 291
170 Lebensbild S. 294, 299, 300, 301, 405; auch Baumgarten S. 625 spricht fälschlich von «Exkommunikation»
171 Baumgarten S. 301
172 Lebensbild S. 298
173 Baumgarten S. 641–642
174 Lebensbild S. 286, 297, 304, 300, 295
175 Ebd. S. 300
176 GPS S. 1, 18, 16
177 GAW S. 1, 2, 71
178 GAW S. 7; Rickerts Einfluß auf Weber ist weitgehend geklärt: Dieter Henrich: Die Einheit der Wissenschaftslehre Max Webers. Tübingen 1952; Friedrich H. Tenbruck: Die Genesis der Methodologie Max Webers. In: Kölner Zeitschrift f. Soziologie 11 (1959), S. 573–630; Horst Baier: Von der Erkenntnistheorie zur Wirklichkeitswissenschaft. Eine Studie über die Begründung der Soziologie bei Max Weber. Münster 1969 (Ms. Habil. Schr.); Johannes Weiß: Max Webers Grundlegung der Soziologie. Eine Einführung. München 1974, bes. S. 20–45; Thomas Burger: Max Weber's Theory of Concept Formation. Durham N. C. 1976; Rainer Prewo: Max Webers Wissenschaftsprogramm. Versuch einer methodischen Neuerschließung. Frankfurt 1979, bes. S. 26–221; Wolfgang Schluchter: Die Entwicklung des okzidentalen Rationalismus. Tübingen 1979, S. 23–38
179 Lebensbild S. 235, 296
180 GAW S. 237, 251, 257, 343, 427, 511
181 WuG S. 1
182 Heinrich Rickert: Die Grenzen der naturwissenschaftlichen Begriffsbildung. Tübingen–Leipzig 1902, Vorrede zur 3./4. Aufl., nach R. Prewo, Wissenschaftsprogramm, S. 50
183 Lebensbild S. 296, 313, 303
184 Baumgarten S. 644, 648
185 Else von Richthofen: Über die historischen Wandlungen in der Stellung der autoritären Parteien zur Arbeiterschutzgesetzgebung und die Motive dieser Wandlung. Inaugural-Dissertation zur Erlangung der Doktorwürde der Hohen philosophischen Fakultät der Ruprecht-Karls-Universität zu Heidelberg. Heidelberg 1901, Lebenslauf S. 74; Nachlaß A. Weber, BA Koblenz, Lebenslauf-Konzept, Facs. 51, von Else Jaffé: «Ich lernte Alfred im Hause seiner Mutter kennen, an die mich Max und Marianne empfohlen hatten, als ich im Hause des Vetters meines Vaters … lebte. 3 Semester Winter 98/99 – SS 99 – WS 99/1900. Was ich hörte, hatte mir

jedesmal M. W. an Hand des Vorlesungsverzeichnisses geraten ... Viel zu hoch für mich ... Ich lernte dort [d. h. im Hause Weber in Charlottenburg] auch Edgar Jaffé kennen ...»

186 Der Verlag J. C. B. Mohr (Paul Siebeck) Tübingen plant eine 34bändige Gesamtausgabe, deren erster Band im Juli 1984 erschienen ist. Zur Konzeption und Editionspraxis vgl.: Prospekt der Max Weber Gesamtausgabe (MWG). Im Auftrage der Kommission für Sozial- und Wirtschaftsgeschichte bei der Bayerischen Akademie der Wissenschaften hg. v. Horst Baier, M. Rainer Lepsius, Wolfgang J. Mommsen, Wolfgang Schluchter, Johannes Winckelmann, Tübingen 1981

187 GAW S. 146

187a H. Rickert: Die Grenzen der naturwissenschaftlichen Begriffsbildung. Tübingen 1902, S. 34

188 Der Einfluß Nietzsches auf Max Weber ist schwer faßbar, weil Weber selten Quellenhinweise gibt. Dasselbe trifft auf Marx zu. Trotzdem ist eine nicht unwesentliche Beeinflussung offensichtlich. Vgl. Wolfgang Mommsen: Universalgeschichtliches und politisches Denken. In: ders.: Max Weber. Gesellschaft, Politik und Geschichte. 2. Aufl., Frankfurt 1982, S. 97–143; Eugène Fleischmann: De Weber à Nietzsche. In: Archives Européennes de Sociologie, 5 (1964), S. 190–238 – Wolfgang Mommsen: Kapitalismus und Sozialismus. Die Auseinandersetzung mit Karl Marx. In: ders.: Max Weber S. 144–181 – J. Zander: Das Problem der Beziehung Max Webers zu Karl Marx. Frankfurt 1978

189 GAW S. 164–165

190 So der Titel in Lebensbild S. 329. – In Amerika erschien der Vortrag u. d. T. *The Relations of the Rural Community to other Branches of Social Science.* In: Congress of Arts and Science, Universal Exposition, Boston/New York 1906. Er wurde rückübersetzt von H. Gerth u. d. T. *Kapitalismus und Agrarverfassung.* Vortrag in St. Louis 1904. In: Zeitschrift für die gesamte Staatswissenschaft, Bd. 108 (1952)

191 Lebensbild S. 323

192 Wolfgang Mommsen: Die Vereinigten Staaten in Amerika. In: Max Weber S. 76, 78

193 Lebensbild S. 332

194 Lebensbild S. 338

195 GPS S. 284

196 Lebensbild S. 334–336; vgl. Wilhelm Emil Mühlmann: Max Weber und die rationale Soziologie. Tübingen 1966, S. 6

197 GPS S. 63

198 Max Weber: *Die protestantische Ethik und der Geist des Kapitalismus.* In: GARS I, S. 17–206. Eine gute deutsche Einführung bei Dirk Käsler: Einführung in das Studium Max Webers. München 1979, S. 77–96

199 Martin Offenbacher: Konfession und soziale Schichtung. Eine Studie über die wirtschaftliche Lage der Katholiken und Protestanten in Baden. Tübingen/Leipzig 1901

200 GARS I S. 31–32

201 PE II S. 395–427

202 PE II S. 57–345

203 GAW S. 169

204 Max Weber: *Wirtschaftsgeschichte. Abriß der universalen Sozial- und Wirtschaftsgeschichte.* Aus den nachgelassenen Vorlesungen hrsg. v. S. Hellmann und M. Palyi. 4. Aufl., Berlin 1981, S. 302; ausführlicher noch in GARS I, Vorbemerkung S. 1–16

205 GARS I S. 204–205

206 Diskussionsbeitrag beim 8. Evangelisch-sozialen Kongreß 1897, zit. nach D. Käsler: Einführung S. 69

207 Die Anregung dazu kam zweifellos von den Brüdern Weber. Vgl. Lebensbild S. 405, Brief (1907) von Max an Alfred Weber. Aber schon früher, in einer Diskussionsrede des «Vereins» von 1905, läßt Max Weber Gedanken anklingen, die in diese Richtung gehen: *Was wird «charakterologisch» ... aus den Menschen, die in jene rechtlichen und faktischen Existenzbe-*

dingungen hineingestellt sind, mit denen wir uns heute beschäftigen (GASS S. 395). Dort auch Webers positive Einschätzung der Gewerkschaften: *Ich persönlich stehe ... auf dem Standpunkt, daß ... die Gewerkvereine ... einen Eigenwert darstellen* (GASS S. 398). Dagegen machte er sich von der Sozialdemokratischen Partei einen negativen Eindruck, indem er dort imposante Revolutionsführer suchte und über die *kleinbürgerliche Physiognomie* erschrak. Jedenfalls hielt er sie für eine Partei, *deren politische Ohnmacht für jeden ... heute noch klar zutage liegt* (GASS S. 410). Andererseits sah er im *Bekenntnis zu dieser Partei faktisch heute ... das einzige Mittel, in den Kulturkreis des Proletariats ein(zu)treten, und für seine Interessen ... arbeiten zu können* (Mommsen S. 138). Auch trat er entschieden gegen die Schwierigkeiten auf, die sozialdemokratischen Wissenschaftlern von den Universitäten bereitet wurden (Lebensbild S. 395 und E. Demm: Alfred Weber S. 24).

208 GASS S. 9, S. 61–255; Lebensbild S. 435, S. 377

209 GASS S. 134–135

210 s. Paul Honigsheim, Die Gründung der deutschen Gesellschaft für Soziologie in ihren geistesgeschichtlichen Zusammenhängen. In: Köln. Zeitschrift f. Soziologie 11 (1959), S. 3–4

211 GASS S. 399 u. S. 406. Mommsen S. 142; s. auch Dieter Lindenlaub: Richtungskämpfe im Verein für Sozialpolitik. Wissenschaft und Sozialpolitik im Kaiserreich ... 1890–1914. In: Vierteljahresschrift für Sozial- und Wirtschaftsgeschichte, Beihefte 52/3, Wiesbaden 1967

212 Baumgarten S. 517–518; Edgar Salin: Lynkeus. Gestalten und Probleme aus Wirtschaft und Politik. Tübingen 1963, S. 62 (Brief Schmollers an Spiethoff 15. Oktober 1909)

213 Christian von Ferber: Der Werturteilsstreit 1909/1959. Versuch einer wissenschaftsgeschichtlichen Interpretation. In: Köln. Zeitschrift für Soziologie 11 (1959), S. 27

214 Lebensbild S. 463–469; P. Honigsheim: Gründung S. 8–10; Leopold v. Wiese: Die Deutsche Gesellschaft für Soziologie. Persönliche Eindrücke in den ersten fünfzig Jahren (1909 bis 1959). In: Köln. Zeitschrift für Soziologie 11 (1959), S. 27

215 von Wiese: Deutsche Gesellschaft, S. 11–13

216 Lebensbild S. 468–469, 465, 462–463; das frühere Standardwerk hieß «Handbuch der Politischen Ökonomie» und war 1882 erstmals von G. v. Schönberg herausgegeben worden. – Der Brief vom 30. Dezember 1913 wird zit. nach Wolfgang Schluchter: Max Webers Religionssoziologie. Eine werksgeschichtliche Rekonstruktion. In: Köln. Zeitschrift f. Soziologie 36 (1984), S. 348–349

217 Martin Green: Else und Frieda, die Richthofen-Schwestern. München 1976, S. 48–80

218 Baumgarten S. 644–648

219 Lebensbild S. 422

220 Ebd. S. 404–405

221 E. Salin: Lynkeus S. 60

222 BA Koblenz, Nachlaß Weber, Lebenslauf-Konzept, Fasc. 51

223 M. Green, Else und Frieda, S. 68

224 BA Koblenz, Nachlaß Weber, Lebenslauf-Konzept, Fasc. 51

225 Friedrich Gundolf: Briefwechsel m. H. Steiner u. E. R. Curtius. Hrsg. v. L. Helbing u. C. V. Bock, Amsterdam 1963, S. 177 u. 187; s. auch M. L. Gothein: Eberhard Gothein. Ein Lebensbild. Seinen Briefen nacherzählt. Stuttgart 1931, S. 198 – Edgar Salin: Um Stefan George. Erinnerung und Zeugnis. 2. Aufl., München 1954, S. 111

226 Lebensbild S. 36

227 BA Koblenz, Nachlaß A. Weber, Fasc. 3: Briefe von Hedwig Butz an Alfred Weber; Eberhard Demm: Alfred Weber und sein Bruder Max. Zum 25. Todestag

Alfred Webers am 2. Mai 1983. In: Kölner Zeitschrift für Soziologie 35 (1983), S. 2

228 Baumgarten S. 619

229 Lebensbild S. 407; Baumgarten S. 490–505 (Briefe von Max Weber an Mina Tobler)

230 Max Weber: *Über einige Kategorien der verstehenden Soziologie.* In: Logos, Internationale Zeitschrift für Philosophie der Kultur 4 (1913), S. 253–294; hier wird nach der späteren Fassung, wie sie WuG S. 1 vorlegt, zitiert. Als Legitimation mag Webers Satz aus der *Vorbemerkung* gelten: *Gegenüber dem Aufsatz im Logos IV ... ist die Terminologie tunlichst vereinfacht ... um möglichst leicht verständlich zu sein.*

231 Lebensbild S. 491–494

232 Lebensbild S. 543; Baumgarten S. 482–483; WuG, 5. Aufl., S. XXXIII

233 Bei Martin Riesebrodt: Bibliographie zur Max Weber-Gesamtausgabe, in: Prospekt der Max Weber Gesamtausgabe, 1981, S. 16–32 werden S. 25 zwei Zuschriften Webers an das «Heidelberger Tageblatt» nachgewiesen: Eine Duellforderung an der Heidelberger Universität (9. Januar 1911) und Zur Affäre Dr. Ruge, Professor Weber (13. Januar 1911)

234 Lebensbild S. 478, 485, 487; Baumgarten S. 304; eine weitere Selbstcharakteristik findet sich in GASS S. 406: ... *als der Himmel in seinem Zorn mir ... die Gabe einer gewissen Deutlichkeit, die sich schwer unterdrücken läßt, mit auf den Weg gegeben hat.*

235 Lebensbild S. 496–510, S. 648; Paul Honigsheim: Max Weber in Heidelberg. In: Gedächtnis S. 161 – 271

236 s. Edith Landmann: Gespräche mit Stefan George. Düsseldorf 1963, S. 157. Weber seinerseits sprach von George und dessen Lieblingsjünger Gundolf als von *Weihen-Stefan und Gundelchen.* Baumgarten S. 494

237 Lebensbild S. 534, 536, 592, 568, 571; Baumgarten S. 491

238 Baumgarten S. 492

239 Lebensbild S. 586 und, wegen der Datierung, Baumgarten S. 491

240 GARS I S. 548

241 Baumgarten S. 486, 488–489, 494–496, 489; die Denkschrift GPS S. 146–154; dort S. 146 (Fußn. 1) das Zitat: *Und mir ist ...*

242 GPS S. 291; GASS S. 508 (*Der Sozialismus*)

243 GPS S. 369, 348, 401; vgl. auch Lebensbild S. 630–631

244 GPS S. 498–501

245 GARS I S. 237 – Die Datierung ist für die Teilstücke und Fassungen schwierig und für die Bewertung der Werke Webers vielleicht nicht unwichtig. Bei bis zum vollständigen Erscheinen der MWG zuweilen ungesicherter Quellenlage datiert die Weber-Forschung manchmal noch nach der Bewertung, anstatt umgekehrt zu verfahren. Vgl. Friedrich H. Tenbruck: Das Werk Max Webers. In: Kölner Zeitschrift für Soziologie 27 (1975) S. 663–702; dazu Wolfgang Schluchter: Die Entwicklung des okzidentalen Rationalismus. Eine Analyse von Max Webers Gesellschaftsgeschichte. Tübingen 1979, S. 6–8; ders.: Religionssoziologie S. 363

246 W. Schluchter: Entwicklung S. 8 – Der «Brief» ist inzwischen identifiziert als «Anzeige von Webers Hand»; vgl. dazu W. Schluchter: Religionssoziologie S. 353

247 GARS I S. 237

248 GARS I S. 238, 239

249 GARS I S. 10; vgl. W. Schluchter: Entwicklung S. 18–20

250 GPS S. 554

251 W. Schluchter: Entwicklung S. 8

252 GAW S. 489–540; zuerst als Max Weber: Der Sinn der «Wertfreiheit» der soziologischen und ökonomischen Wissenschaften. In: Logos 7 (1917), S. 40–88

253 Lebensbild S. 643–644

254 Max Weber: *Wissenschaft als Beruf.* Geistige Arbeit als Beruf. München u. Leipzig 1919; GAW S. 582–613

255 GAW S. 594; GARS I S. 237

256 Baumgarten S. 672

257 Lebensbild S. 692
258 dazu M. Rainer Lepsius: Max Weber in München. Rede anläßlich der Enthüllung einer Gedenktafel. In: Zeitschrift für Soziologie 6 (1977), S. 103–118
259 Baumgarten S. 625, 492–493
260 Lebensbild S. 660, 722, 748
261 Dies ist der Stoff von Max Weber: *Wirtschaftsgeschichte. Abriß der universalen Sozial- und Wirtschaftsgeschichte.* 1. Aufl. 1923
262 Eduard Baumgarten: Über Max Weber. Brief an Nicolaus Sombart. In: Merkur 31 (1977), S. 296–300; bes. S. 297, 300
263 Jugendbriefe S. 374
264 Lepsius: Max Weber in München, S. 103
265 Lebensbild S. 717; Baumgarten S. 631
266 Lebensbild S. 753; E. Baumgarten, Über Max Weber S. 297

Zeittafel

1858 Der preußische Prinzregent Wilhelm I. (König von 1861–88) beruft ein liberales Ministerium und eröffnet damit eine «Neue Ära». Wegen der hohen Militärkosten kommt es zu einem Konflikt mit der liberalen Mehrheit der Abgeordneten.

1862 Bismarck wird Ministerpräsident. Er verweigert ein Einlenken auf die Erwartungen der Parlamentsopposition. Der Streit wächst sich zum Verfassungskonflikt aus: Bismarck regiert nun (bis 1866) ohne die verfassungsmäßig geforderte Zustimmung des Parlaments zum Staatshaushalt.

1863 Ferdinand Lassalle gründet den Allgemeinen Deutschen Arbeiterverein.

1864 Max Weber am 21. April in Erfurt geboren.
Deutsch-Dänischer Krieg, bei dem Dänemark die drei Herzogtümer Schleswig, Holstein und Lauenburg verliert.

1866 Max Webers Schwester Anna am 8. April geboren und am 15. Juli in Heidelberg gestorben.
Deutscher Krieg endet mit dem Sieg Preußens, das nun Schleswig-Holstein, Kurhessen, Nassau, Hannover und Frankfurt a. M. annektiert.

1868 Max Webers Bruder Alfred am 30. Juli in Erfurt geboren.

1869 Umzug der Familie Weber von Erfurt nach Berlin.
Wilhelm Liebknecht und August Bebel gründen die Sozialdemokratische Arbeiterpartei in Eisenach.

1870 Max Webers Bruder Karl in Berlin geboren.

1870/71 Deutsch-Französischer Krieg. Gründung des Zweiten Deutschen Reiches. Der preußische König wird Deutscher Kaiser. Er ernennt den Reichskanzler.

1872 Umzug nach Charlottenburg in die eigene Villa. Max Webers Schwester Helene geboren.
Beginn des Kulturkampfs: Ein Kampf des (preußischen) Staates gegen die römisch-katholische Kirche und den politischen Katholizismus. – Der Verein für Sozialpolitik von den «Kathedersozialisten» gegründet.

1874 Mandate im Reichstag der für Max Weber besonders wichtigen Parteien: Nationalliberale 155, Zentrum 91, Sozialdemokraten 9; der Deutsche Reichstag hatte von 1874 bis 1918 397 Sitze (hier und später nach G. Hohorst u. a., Sozialgeschichtliches Arbeitsbuch, 2. Aufl., München 1978, S. 173–175).

1875 Max Webers Schwester Klara geboren.
Vereinigung der beiden sozialistischen Gruppen zur Sozialistischen Arbeiterpartei Deutschlands (Gothaer Programm).

1877 Max Webers Bruder Arthur geboren; die vierjährige Schwester Helene gestorben.

Mandate im Reichstag: Nationalliberale 128, Zentrum 93, Sozialdemokraten 12.

1878 Die «Sozialistengesetze», mit scharfen Maßnahmen gegen die Vereine der Sozialdemokraten, ihre Wortführer und ihre Zeitungen zunächst für drei Jahre beschlossen, bleiben bis 1890 in Kraft.

1879 Beginn der antiliberalen Schutzzollpolitik.

1880 Max Webers Schwester Lilli geboren.

1881 Mandate im Reichstag: Zentrum 100, Nationalliberale 47, Sozialdemokraten 12. Beginn der Sozialgesetzgebung Bismarcks.

1882 Max Weber beginnt das Jura-Studium in Heidelberg (3 Semester).

1883 Beginn der einjährigen Militärdienstzeit in Straßburg.

1884 Ab Wintersemester 1883/84 Studium in Berlin (2 Semester).
Mandate im Reichstag: Zentrum 99, Nationalliberale 51, Sozialdemokraten 24.

1885 Referendarexamen, Max Weber kehrt (bis 1893) ins Elternhaus zurück.

1887 Mandate im Reichstag: Nationalliberale 99, Zentrum 98, Sozialdemokraten 11.

1888 Tod des Kaisers Wilhelm I., sein Nachfolger stirbt nach 99 Tagen. Dessen Nachfolger ist Wilhelm II.
Max Weber tritt dem Verein für Sozialpolitik bei.

1889 Promotion mit «Magna cum laude» bei Levin Goldschmidt.

1890 Max Weber lernt Friedrich Naumann kennen.
Entlassung Bismarcks. Mandate im Reichstag: Zentrum 106, Nationalliberale 42, Sozialdemokraten 35. Beginn der «postliberalen» Ära (J. J. Sheehan). – Die «Sozialistengesetze» treten außer Kraft. Die neugegründete Arbeiterpartei nennt sich Sozialdemokratische Partei Deutschlands (Erfurter Programm).

1891 Habilitation bei August Meitzen.

1893 Max Weber heiratet Marianne Schnitger.
Der Reichstag lehnt die Militärvorlage ab und wird aufgelöst. Neue Mandatsanteile: Zentrum 96, Nationalliberale 53, Sozialdemokraten 44. Die neue Militärvorlage (zweijährige Dienstzeit) wird angenommen.

1894 Berufung Max Webers und Übersiedlung nach Freiburg.

1895 Max und Marianne Weber reisen nach England, Schottland, Irland. Im Frühsommer Max Webers Freiburger Antrittsrede.
Friedrich Naumann gründet die Zeitschrift «Die Hilfe».

1896 Max Weber wird als Nachfolger von Karl Knies nach Heidelberg berufen.
Naumann gründet den National-sozialen Verein, dem Weber beitritt.

1897 Am 10. August stirbt Max Weber sen.

1898 Beginn von Max Webers Leiden. Erster Sanatoriumsaufenthalt.
Vergebliche Kandidatur Naumanns für den Reichstag. Mandate im Reichstag: Zentrum 102, Sozialdemokraten 56, Nationalliberale 46. – Am 30. Juli stirbt Otto Fürst von Bismarck.

1899 Weber tritt aus dem «Alldeutschen Verband» aus, dem er seit 1893 angehörte.

1902 Max Weber kehrt im April nach zweijähriger Abwesenheit nach Heidelberg zurück.

1903 Weber scheidet aus dem Amt aus.
Friedrich Naumann kandidiert wiederum vergeblich für den Reichstag. Mandate: Zentrum 100, Sozialdemokraten 81, Nationalliberale 51.

1904 Amerika-Reise Max und Marianne Webers.
Edgar Jaffé übernimmt das «Archiv für soziale Gesetzgebung und Statistik» und führt es als «Archiv für Sozialwissenschaft und Sozialpolitik» weiter, in der Redaktion mit Werner Sombart und Max Weber.

1905 Revolution in Rußland.

1906 Max Weber besucht den Parteitag der Sozialdemokraten in Mannheim. Umzug aus der Stadtmitte Heidelbergs (Hauptstr. 79) auf die andere Neckarseite (Ziegelhäuser Landstr. 27); neue Gäste und Heidelberger Freundschaften (zu Ernst Troeltsch und Georg Jellinek kommen jetzt Friedrich Gundolf, Karl Jaspers, Emil Lask, Paul Honigsheim).

1907 Friedrich Naumann wird als Kandidat der «Freisinnigen Vereinigung» (mit sozialdemokratischer Unterstützung) bei der Stichwahl im Wahlkreis Heilbronn in den Reichstag gewählt. Die Liberale Vereinigung brachte es im ganzen auf 14 Abgeordnete. Weitere Mandate: Zentrum 105, Nationalliberale 54, Sozialdemokraten 43.
Marianne Webers erstes Buch erscheint: «Ehefrau und Mutter in der Rechtsentwicklung». Sie hält auf dem evangelisch-sozialen Kongreß einen Vortrag über «Sexualethische Prinzipienfragen».

1910 Gründung der Deutschen Gesellschaft für Soziologie. Max und Marianne Webers Umzug in das Elternhaus der Mutter, Ziegelhäuser Landstr. 17 (neue Gäste: Stefan George, Georg von Lukács, Ernst Bloch).

1911 Max Weber übt Kritik an der Bildungspolitik des ehemaligen Ministerialdirektors im preußischen Kultusministerium, Friedrich Althoff († 1908) und am Korporationswesen. Es kommt zu einer heftigen Pressediskussion. Weber antwortet mit einer Denkschrift. – Der Staatsrechtslehrer Georg Jellinek gestorben.

1912 Mandate im Reichstag: Sozialdemokraten 110, Zentrum 91, Nationalliberale 45. Friedrich Naumann kandidierte für die seit 1910 als Fortschrittliche Volkspartei fusionierten linksliberalen Gruppen, konnte aber sein Heilbronner Mandat nicht halten. Erst 1913 rückt er in einer Nachwahl im Wahlkreis Waldeck-Pyrmont nach.
Max Weber besucht mit Marianne Weber und Mina Tobler die Richard-Wagner-Festspiele in Bayreuth.

1914 28. Juni: Attentat auf den österreichischen Thronfolger in Sarajevo 1./3. August Kriegserklärung Deutschlands an Rußland und Frankreich. 23. August: Kriegserklärung Japans an Deutschland. Max Weber wird Disziplinaroffizier der Lazarettkommission in Heidelberg.

1915 Max Weber scheidet aus dem Lazarett-Dienst aus. Er tritt mit 141 weiteren Unterzeichnern gegen eine Eingabe (Seeberg-Adresse) auf, die hybride Kriegszielforderungen für Deutschland erhob.
Im U-Boot-Krieg verschärft sich die Krise zwischen den USA und Deutschland durch das Versenken eines englischen Passagier-Dampfers, wobei auch amerikanische Staatsangehörige ums Leben kommen.
Der Bruder Karl und der Freund Emil Lask gefallen.

1916 Max Weber verfaßt eine Denkschrift gegen den verschärften U-Boot-Krieg, die an das Reichskanzleramt, an das Auswärtige Amt und an die Partei-Führer geht. Auf Wunsch F. Naumanns tritt er einem «Arbeitsausschuß für Mitteleuropa» bei, der eine Zoll- und Wirtschaftsgemeinschaft mitteleuropäischer Länder und ihre Möglichkeiten nach dem Krieg diskutiert. Der uneingeschränkte U-Boot-Krieg beginnt.

1917 Revolution in Rußland. – Wilhelm II. verspricht eine Reform des preußischen Drei-Klassen-Wahlrechts. Im Dezember Beginn der Friedensverhandlungen mit Rußland.
Im Mai und November Lauensteiner Tagungen, bei denen Weber Erich Mühsam und Ernst Toller kennenlernt.

1918 Friedensschluß mit Rußland in Brest-Litowsk. – König Ludwig III. von Bayern verläßt im November München. Unter der Führung Kurt Eisners (USPD) wird ein Arbeiter- und Soldatenrat und schließlich eine Regierung gebildet. Edgar Jaffé ist in dieser Regierung Finanzminister. – November: Wilhelm II. geht ins Exil. Waffenstillstand. – Die Deutsche Demokratische Partei wird gegründet. Friedrich Naumann ist daran führend beteiligt, ebenso Alfred Weber. Nach einigem Zögern wird auch Max Weber Mitglied und greift mit zahlreichen Reden in den Wahlkampf ein. Die DDP will Angehörige der Fortschrittlichen Volkspartei mit einem größeren Teil der Nationalliberalen vereinen. Bereits im Herbst spaltet sich ein rechter Flügel (Gustav Stresemann) als Deutsche Volkspartei (DVP) ab. Der Niedergang der liberalen Parteien setzt sich in die Weimarer Republik fort. Mandate in der Nationalversammlung (1919) und im Reichstag:

Partei \ Jahr	(1919)	1920	1928	1930	1932	1933
DDP	(75)	39	25	20	2	5
DVP	(19)	65	45	30	11	2

Max Weber erprobt die eigenen Kräfte im Sommersemester in Wien. Er nimmt an den Beratungen über die Grundzüge des Verfassungsentwurfs im Reichsamt des Innern in nicht-amtlichem Status teil.
Im Februar wird Kurt Eisner ermordet.

1919 Friedrich Naumann stirbt am 24. August.
Max Webers Mutter, Helene Weber, stirbt am 14. Oktober.
Marianne Weber wird Erste Vorsitzende des Bundes Deutscher Frauenvereine.
Max Weber besucht Ludendorff, um ihn zur freiwilligen Auslieferung an die Siegermächte zu veranlassen.
Vortrag in München: Politik als Beruf – Max Weber nimmt den Ruf nach München an und ist dort Nachfolger Lujo Brentanos.

1920 Max Webers jüngste Schwester Lilli stirbt am 1. April.
Anfang Juni erkrankt Max Weber in München an einer Lungenentzündung und stirbt dort am 14. Juni.

Zeugnisse

Ernst Troeltsch (1920)
Er war in tiefster Seele *Politiker,* eine Herrschernatur und ein glühender Patriot, der sein Vaterland auf falschen Wegen sah und mit aller Leidenschaft die Führung zu übernehmen begehrte, aber bei den gegebenen Verhältnissen nicht daran denken konnte sie wirklich zu erhalten. In der Wilhelminischen Zeit mochte er sich im Dienste der ausgeleierten Parteien nicht verbrauchen, und nach dem Zusammenbruch wußten dieselben Parteien seine Kraft nicht zu erkennen und zu gebrauchen.

Heinrich Rickert (1926)
Dieser Mann war bei all seiner Vielseitigkeit gewiß keine «zerrissene» Natur, sondern eminent einheitlich. So sehr er selbst scheiden wollte, er blieb doch derselbe Max Weber, wenn er einmal wissenschaftlich die Welt entzauberte. Und das andere Mal mit dem Zauber seiner Person als Politiker die Menschen hinriß. Damit widerlegte er durch seine eigene Existenz den Gedanken, es könne die Trennung von theoretischem und praktischem Verhalten das Letzte sein, was die Philosophie über den Menschen zu sagen hat.

Theodor Heuss (1930)
Die Gewalt seiner Rede war groß durch den dräuenden Ernst, den unerbittlichen Sarkasmus gegen Scheingröße und bloßes Getue, die pädagogische Vereinfachung schwieriger Probleme.

Ernst Toller (1933)
Auf einem der sanften Hügel Mitteldeutschlands, gelehnt an die blaugrünen stillen Tannenhänge des thüringischen Landes, steht die Burg Lauenstein. Hierher lädt der Verlagsbuchhändler Eugen Diederichs Gelehrte, Künstler, politische Schriftsteller, Lebensreformer, junge Menschen. In diesen Zeiten, deren Sinn viele Menschen nicht mehr zu fassen vermögen, sollen die Berufenen über Sinn und Aufgabe der Zeit miteinander sprechen. Max Weber ist gekommen, der Heidelberger Soziologe. ...

Die Jugend klammert sich an Max Weber, seine Persönlichkeit, seine intellektuelle Rechtschaffenheit zieht sie an. Er haßt alle Staatsromantik, er attackiert ... die deutschen Professoren, die vor lauter Gespinsten die Wirklichkeit nicht sehen. ...

In abendlichen Gesprächen enthüllt sich die kämpferische Natur dieses Gelehrten. Mit Worten, die seine Freiheit, sein Leben gefährden, entblößt er die Schäden des Reichs.

Edgar Salin (1954)
George war zuerst im Sommer 1910 Max Weber begegnet und hatte ihn in den folgenden beiden Jahren mehrere Male besucht. Aus den Worten des Dichters wie des Gelehrten ging hervor, daß jeder im andern die vollkommene Verkörperung der ihm fremdesten Wesensart erkannt hatte. Bei aller Achtung für Webers lautere Gesinnung und asketischen Arbeitsernst fand George auf die Dauer in Weber nichts, was ihn fördern konnte, und brach daher für sich den Verkehr ab. Doch sah er es gerne, daß die Seinen, voran Gundolf, die Verbindung aufrecht erhielten zu dem bedeutenden Mann, der eine starke geistige Macht auf Heidelberg und von Heidelberg aus auf Deutschland ausübte und der in einzigartiger, geläuterter und läuternder Klarheit die letzte Stellung der «objektiven» Wissenschaft ausbaute und verteidigte. Weber seinerseits liebte die Fehden mit den streitbaren «Georgianern», da seine gewaltige, bis zur Maßlosigkeit erregbare Natur den Kampf als Element des Lebens nötig hatte und da die aristokratische Haltung Georges und seiner Jünger seinem demokratischen Liberalismus als gefährliche Gegnerschaft erschien.

Maurice Merleau-Ponty (1955)
Max Weber hatte für Freiheit und Wahrheit ein höchst anspruchsvolles, höchst kritisches Empfinden. Aber er wußte zugleich, daß sie nur in gewissen Kulturen auftreten, vermittels gewisser historischer Entscheidungen; daß sie im übrigen stets unvollendet sind und die wirre Welt, der sie entstammen, nicht in sich aufheben; daß sie also nicht göttlichen Rechtes sind; daß sie keine andere Rechtfertigung haben als diejenige, was sie für die Menschen tatsächlich leisten; keine anderen Rechtsansprüche als die, die sie in einem Kampf erwerben, in dem sie prinzipiell benachteiligt sind, da sie sich nicht aller Mittel bedienen können.

Ernst Bloch (1961)
Auch bei schönen Geistern ging es und geht es noch lange wilhelminisch her. Eine durchdringende Erfahrung an Max Weber war darum die der geforderten Wahrheit in ihrem ursprünglichen echten, also moralischen Sinn. Das nicht nur, was die selbstverständliche Genauigkeit des Faktischen anging, sondern vor allem die weniger selbstverständlich gewordene der menschlichen Schlichtheit, Bewährtheit und Bewährbarkeit jeder Aussage, die sich zutraute, übers Faktische hinauszugehen. Webers methodischer Positivismus selber war temporär und sicher nicht kanonisch (er hat ihn übrigens nur ungern, nämlich schmerzlich, generalisiert). Aber sein anderer, sein gleichsam charakterologischer Positivismus (wenn sich das so nennen läßt) verband sich auf strenge, eifernde, selbstentsagende Art mit einem Kierkegaardschen, das Sein statt Schein verlangt. Auch in nicht-religiösem und doch wieder sehr protestantischen

Sinn, nämlich gegen jedes Dekorative, jeden aufgedonnerten, selbst sentimentalen Ersatz. Nicht das Politische und zum Teil nur das Methodische, gewiß aber die argumentatio ad hominem wird der Wissenschaft und ihrer Praxis bleiben, zu bleiben haben.

Talcott Parsons (1964)
Weber, so scheint mir, stand an einem Wendepunkt der Entwicklung der westlichen Zivilisation. Er begriff, wie kaum einer seiner Zeitgenossen, die Tatsache und das Wesen des Aufbrechens des alten Systems. Er trug, mehr als irgend eine andere Persönlichkeit, zum Entwurf einer neuen wissenschaftlichen Orientierung bei, einer Orientierung, die für die Erfassung der Situation der heraufkommenden neuen sozialen Welt von grundlegender Wichtigkeit zu sein versprach.

Max Horkheimer (1964)
Ich habe die Wertfreiheit im Sinne Max Webers als ein Student in München 1919 erfahren. Wie viele meiner Kommilitonen war ich am Verständnis der russischen Revolution zutiefst interessiert ... Nun sprach Max Weber in seiner Vorlesung über das Rätesystem. Der Hörsaal war zum Bersten voll, und es gab eine krasse Enttäuschung. Anstatt theoretischer Reflexion und Analyse, die nicht bloß in der Aufgabenstellung, sondern in jedem einzelnen Schritt vom Gedanken an eine vernünftige Gestaltung der Zukunft geleitet gewesen wäre, hörten wir in zwei oder drei Stunden fein abgewogene Definitionen des russischen Systems, scharfsinnig formulierte Idealtypen, durch welche die Räteordnung möglicherweise zu bestimmen sei. So präzise war alles, so wissenschaftlich strenge, so wertfrei, daß wir ganz traurig nach Hause gingen ... Als wir damals so enttäuscht den Hörsaal verließen, dachten wir, Max Weber sei ultrakonservativ. Die Schlußfolgerung jedoch war voreilig. Kurz danach geriet Weber in der Vorlesung mit ... im alten Sinn konservativen Studenten, mit den Korporationen in Konflikt. Ich war nicht zugegen, meine aber, daß seine Ausführungen nicht immer so wertfrei waren, wie sie ihm selber erschienen sind.

Bibliographie

1. Werkverzeichnisse

Käsler, Dirk: Werkverzeichnis. In: Käsler, Einführung in das Studium Max Webers. München 1979. S. 249–271

Riesebrodt, Martin: Bibliographie zur Max Weber-Gesamtausgabe. In: Prospekt der Max Weber-Gesamtausgabe (MWG). Tübingen: J. C. B. Mohr (Paul Siebeck) 1981, S. 16–32

Seyfarht, Constans, und Gerd Schmidt: Max Weber Bibliographie. Eine Dokumentation der Sekundärliteratur. 2. unveränd. Aufl. Stuttgart 1982

2. Briefe

Politische Briefe (1906–1919). In: GPS, München 1921, S. 451–488

Jugendbriefe (1876–1893). Hg. Marianne Weber. Tübingen 1936

Auszüge aus Briefen Max Webers vom 12.–29. Lebensjahr. In: Baumgarten S. 3–87

3. Hauptwerke

(Erstdruck, Wiedergabe in Gesammelten Schriften, Band der geplanten Max Weber Gesamtausgabe – MWG)

Zur Geschichte der Handelsgesellschaften im Mittelalter. Nach südeuropäischen Quellen. Stuttgart 1889 – GASW S. 312–443 – MWG 1

Die römische Agrargeschichte in ihrer Bedeutung für das Staats- und Privatrecht. Stuttgart 1891 – MWG 2

Die Lage der Landarbeiter im ostelbischen Deutschland. Preußische Provinzen Ost- und Westpreußen, Pommern, Posen, Schlesien, Brandenburg, Großherzogtümer Mecklenburg, Preußischer Kreis Herzogtum Lauenburg (Provinz Schleswig-Holstein). Schriften des Vereins für Sozialpolitik LV, Die Verhältnisse der Landarbeiter in Deutschland, 3. Bd., Leipzig 1892 – MWG 3

Entwicklungstendenzen in der Lage der ostelbischen Landarbeiter. In: Archiv für soziale Gesetzgebung und Statistik. Vierteljahresschrift zur Erforschung der gesellschaftlichen Zustände aller Länder, hg. v. Heinrich Braun, 7 (1894) S. 1–41 – MWG 4

Die Börse. In: Göttinger Arbeiterbibliothek, hrsg. v. Fr. Naumann, *I. Zweck und äußere Organisation.* 1. Bd., 2. u. 3. H., 1894, S. 17–48. *II. Der Börsenverkehr.* 2. Bd., 4. u. 5. H., 1896, S. 49–80, Göttingen – GASS S. 256–322 – MWG 5

Der Nationalstaat und die Volkswirtschaftspolitik. Akademische Antrittsrede. Freiburg und Leipzig 1895 – GPS 1. Aufl. 1921, S. 7–30, 2. u. 3. Aufl. 1958 u. 1971, S. 1–25 – MWG 4

Roscher und Knies und die logischen Probleme der historischen Nationalökonomie. In: Jahrbuch für Gesetzgebung, Verwaltung und Volkswirtschaft im Deutschen

Reich, hg. v. G. Schmoller, Leipzig. (Erster Artikel) 27. Bd., H. 4, 1903, S. 1–41. *II. Knies und das Irrationalitätsproblem.* 29. Bd., 4. H., 1905, S. 89–150. (Dritter Artikel) *II. Knies und das Irrationalitätsproblem.* (Fortsetzung) 30. Bd., 1. H., 1906, S. 81–120 – GAW S. 1–145 – MWG 7

Die «Objektivität» sozialwissenschaftlicher und sozialpolitischer Erkenntnis. In: Archiv für Sozialwissenschaft und Sozialpolitik, hg. v. W. Sombart, M. Weber u. E. Jaffé, 19. Bd., 1. H. (1904), S. 22–87 – GAW S. 146–214 – MWG 7

Die protestantische Ethik und der «Geist» des Kapitalismus. In: Archiv für Sozialwissenschaft und Sozialpolitik. *I. Das Problem.* 20. Bd., 1. H. (1904), S. 1–54. *II. Die Berufsidee des asketischen Protestantismus.* 21. Bd., 1. H. (1905), S. 1–110 – GARS I S. 17–206 – MWG 9

Agrarverhältnisse im Altertum. In: Handwörterbuch der Staatswissenschaften, hg. v. J. Conrad u. a., 3. gänzlich umgearbeitete Aufl., 1. Bd., Jena 1909, S. 52–188 – GASW S. 1–288 – MWG 6

Über einige Kategorien der verstehenden Soziologie. In: Logos. Internationale Zeitschrift für Philosophie der Kultur. 4. Bd., 3. H. (1913), S. 253–294 – GAW 1. Aufl. 1922, S. 503–523, 3. Aufl. bis 5. Aufl., 1968–1982, S. 541–581 – MWG 12

Die Wirtschaftsethik der Weltreligionen. Religionssoziologische Skizzen. In: Archiv für Sozialwissenschaft und Sozialpolitik, hg. v. E. Jaffé. Tübingen: *Einleitung. Der Konfuzianismus. I. II.* 41. Bd., H. 1 (1915), S. 1–87; (Zweiter Artikel) *Der Konfuzianismus II, IV.* (Schluß) *Zwischenbetrachtung. Stufen und Richtungen der religiösen Weltablehnung.* 41. Bd., H. 2 (1915), S. 335–421. GARS I S. 237–573 – MWG 17; (Dritter Artikel) *Hinduismus und Buddhismus.* 41. Bd., H. 3 (1916), S. 613–744. *Hinduismus und Buddhismus.* (Fortsetzung) 42. Bd., H. 2 (1916), S. 345–461. *Hinduismus und Buddhismus.* (Schluß) 42. Bd., H. 3 (1917), S. 687–814 – GARS II S. 1–378 – MWG 18; *Das antike Judentum.* 44. Bd., H. 1 (1917), S. 52–138. (Fortsetzung) 44. Bd., H. 2 (1918), S. 349–443. (Fortsetzung) 44. Bd., H. 3 (1918), S. 601–626. (Fortsetzung) 46. Bd., H. 1 (1918), S. 40–113. (Fortsetzung) 46. Bd., H. 2 (1919), S. 311–366. (Schluß) 46. Bd., H. 3 (1919), S. 541–604 – GARS III S. 1–400 – MWG 19

Der Sinn der «Wertfreiheit» der soziologischen und ökonomischen Wissenschaften. In: Logos. 7. Bd., H. 1 (1917), S. 40–88 – GAW 1. GAW 1. Aufl. 1922, S. 451–502, 3. bis 5. Aufl., S. 489–540 – MWG 12

Der Sozialismus. Wien: «Phöbus» Kmm. Verlag Pimmer 1918, GASS S. 492–518 – MWG 14

Deutschlands künftige Staatsform. In: Zur deutschen Revolution. Flugschriften der Frankfurter Zeitung. 2. H. Frankfurt 1919 – GPS 1. Aufl., S. 341–375, 2. Aufl., S. 436–471, 3. Aufl., S. 448–483 – MWG 15,1

Wissenschaft als Beruf. Vorträge vor dem Freistudentischen Bund. Erster Vortrag. München und Leipzig 1919 – GAW 1. Aufl. 1922, S. 524–555, 3. bis 5. Aufl., 1968–1982, S. 582–613 – MWG 15,2

Politik als Beruf. Vorträge vor dem Freistudentischen Bund. Zweiter Vortrag. München und Leipzig 1919 – GPS S. 505–560 – MWG 15,2

Gesammelte Aufsätze zur Religionssoziologie Bd. 1 (GARS I), Tübingen 1920; *Bd. 2* (GARS II), Tübingen 1921; *Bd. 3* (GARS III), Tübingen 1921

Gesammelte politische Schriften (GPS), München 1921

Die Stadt. Eine soziologische Untersuchung. In: Archiv für Sozialwissenschaft und Sozialpolitik. 47. Bd., H. 1 (1920/1921), S. 621–772 – WuG S. 513–600 – MWG 20–22

Gesammelte Aufsätze zur Wissenschaftslehre (GAW), Tübingen 1922

Wirtschaft und Gesellschaft (WuG). Grundriß der Sozialökonomik, III. Abteilung. Tübingen 1922 – 6. revidierte Aufl., mit textkritischen Erläuterungen hg. v. J. Winckelmann, 2 Halbbde. u. Erläuterungsbd. Tübingen 1976

Wirtschaftsgeschichte. Abriß der universalen Sozial- und Wirtschaftsgeschichte.

A. d. nachgel. Vorlesungen hg. v. S. HELLMANN u. M. PALYI. München u. Leipzig 1923 – MWG Abt. III/1
Gesammelte Aufsätze zur Sozial- und Wirtschaftsgeschichte (GASW), Tübingen 1924
Gesammelte Aufsätze zur Soziologie und Sozialpolitik (GASS), Tübingen 1924
Die protestantische Ethik. Eine Aufsatzsammlung (PE I). Hg. v. J. WINCKELMANN. München u. Hamburg 1965
Die protestantische Ethik II. Kritiken und Antikritiken (PE II). Hg. v. J. WINCKELMANN, München u. Hamburg 1968

4. Biographisches Schrifttum

BAUMGARTEN, EDUARD: Max Weber – Werk und Person. Dokumente, ausgew. u. komment. Tübingen 1964
Über Max Weber. Brief an Nicolaus Sombart. In: Merkur 31 (1977), S. 296–300
DEMM, EBERHARD: Alfred Weber und sein Bruder Max. Zum 25. Todestag Alfred Webers am 2. Mai 1983. In: Köln. Zeitschr. f. Soziologie 35 (1983), S. 1–28
GREEN, MARTIN: Else und Frieda, die Richthofen-Schwestern. München 1976, S. 122–231 (The von Richthofen Sisters, The Triumphant and the Tragic Modes of Love, New York 1974)
LEPSIUS, M. RAINER: Max Weber in München. Rede anläßlich der Enthüllung einer Gedenktafel. In: Zeitschr. f. Soziologie 6 (1977), S. 103–118
Max Weber zum Gedächtnis. Hrsg. v. RENÉ KÖNIG u. JOHANNES WINCKELMANN. Köln. Zeitschr. f. Soziologie, Sonderheft 7, Köln und Opladen 1963
MITZMAN, ARTHUR: The Iron Cage. An Historical Interpretation of Max Weber. New York 1970
MOMMSEN, WOLFGANG J.: Max Weber und die deutsche Politik 1890–1920. 2. Aufl., Tübingen 1974
WEBER, MARIANNE: Max Weber. Ein Lebensbild. 2. Aufl., Heidelberg 1950

5. Sekundärliteratur

Die Sekundärliteratur zum Werk Max Webers ist mit fast 2400 Titeln in der oben genannten Bibliographie von SEYFARTH und SCHMIDT optimal dokumentiert, und zwar bis ins Jahr 1976. Von ganz wenigen Neuerscheinungen aus dem Jahre 1984 abgesehen enthält das folgende Verzeichnis nur Büchertitel von 1977 bis 1983. Bei den deutschen Publikationen wurde Vollständigkeit angestrebt, von ausländischen Schriften wird eine Auswahl geboten. Zeitschriften-Aufsätze werden nicht berücksichtigt.

BEDESCHI, GIUSEPPE: Da Marx a Weber. In: Max Weber. Sul socialismo reale. Einl. v. M. Ciampa. Rom 1979, S. 111–121
BEIERSDÖRFER, KURT: Max Weber und Georg Lukács, Diss. Heidelberg 1984
BENDIX, REINHARD: Freiheit und historisches Schicksal. Heidelberger Max-Weber-Vorlesungen, 1981. Frankfurt 1982
BERGER, JOHANNES: Die Grenzen des handlungstheoretischen Paradigmas am Beispiel der «soziologischen Grundbegriffe» Max Webers. In: K. M. Bolte (Hrsg.): Materialien aus der soziologischen Forschung. Darmstadt 1978, S. 108ff
BORODAJ, JURIJ: Genezija kapitalizma u. K. Marksa i M. Vebera (Die Entstehung des Kapitalismus bei K. Marx und M. Weber.) Unveröffentl. Manuskr. Moskau 1979
BRUGGER, W.: Menschenrechtsethos und Verantwortungspolitik. M. Webers Beitrag zur Analyse und Begründung der Menschenrechte. Freiburg, München 1980

Cacciari, Massimo: Weber e la critica della ragione socialista. In: Max Weber. Sul socialismo reale. Einl. v. M. Ciampa. Rom 1979, S. 81–108

Coniavitis, Thomas: Irrationalitet – rationalitet. Max Weber – Georg Lukács en uppgörelse. Stockholm 1977

Cortella, Lucio: Crisi e razionalità. Da Nietzsche ad Habermas. (Nietzsche, Weber, Habermas). Neapel 1981

Einführung in die Gesellschaftstheorie: Gesellschaft, Wirtschaft und Staat bei Marx und Weber. Hg. v. V. M. Bader, J. Berger u. a., 2. Aufl., einml. Sonderausgabe. Frankfurt 1980

Feix, Nereu: Werturteil, Politik und Wissenschaftstransfer bei Max Weber. Göttingen 1978

Gabriel, K.: Analysen der Organisationsgesellschaft. Ein kritischer Vergleich der Gesellschaftstheorien Max Webers, N. Luhmanns und der phänomenologischen Soziologie. Frankfurt 1977

Giddens, Anthony: Die Klassenstruktur fortgeschrittener Gesellschaften. Frankfurt 1979, S. 46–60, S. 93–97

Grospietsch, Hans-Dieter: Einsamkeit und Brüderlichkeit: eine soziologische Betrachtung unter besonderer Berücksichtigung des Werkes von Max Weber. Frankfurt 1980

Habermas, Jürgen: Theorie des kommunikativen Handelns. Bd. 1, S. 225–366, Bd. 2, S. 445–488. Frankfurt 1981

Hauck, Gerhard: Geschichte der soziologischen Theorie. Eine ideologiekritische Einführung. Reinbek 1984, S. 71–92

Heidorn, J.: Legitimität und Regierbarkeit. Studien zu den Legitimitätstheorien von Max Weber, Niklas Luhmann, Jürgen Habermas und der Regierbarkeitsforschung. Berlin–München 1982

Heine, Wolfgang: Methodologischer Individualismus: zur geschichtsphilosophischen Begründung einer sozialwissenschaftlichen Konzeption ... Max Weber u. a. Würzburg 1983

Helle, H. J.: Verstehende Soziologie und Theorie der symbolischen Interaktion. Stuttgart 1977

Käsler, Dirk: Max Weber. In: ders. (Hrsg.): Klassiker des soziologischen Denkens. Bd. II, München 1978, S. 40–177.
Einführung in das Studium Max Webers. München 1979

Maier, Ferdinand: Zur Herrschaftslogik des sozialen Handelns: eine kritische Rekonstruktion von Max Webers Gesellschaftstheorie. Königstein/Ts. 1982

Möller, Thomas: Ethisch relevante Äußerungen von Max Weber zu den von ihm geprägten Begriffen der Gesinnungs- und Verantwortungsethik. München 1983

Münch, Richard: Theorie des Handelns: zur Rekonstruktion der Beiträge von Talcott Parsons, Emile Durkheim und Max Weber. Frankfurt 1982

Nusser, Karl-Heinz: Strukturebenen der Rationalität in Max Webers Grundlegung der Kulturwissenschaften. Habilitationsschrift der Ludwig-Maximilian-Universität München 1983 (unveröffentlicht)

Petrov, I. I.: Ponjatie gospodstva u K. Marsa i M. Vebera (Der Begriff der Herrschaft bei Karl Marx und Max Weber). Unveröffentl. Manusk. Moskau 1979

Prewo, Rainer: Max Webers Wissenschaftsprogramm. Versuch einer methodischen Neuerschließung. Frankfurt 1979

Roth, Guenther: Ferdinand Braudel and Max Weber. In: ders. u. W. Schluchter: Max Weber's Vision in History. Ethics and Methods. Kap. 5. Berkeley 1979

Rösel, Jakob: Die Hinduismusthese Max Webers. Folgen eines kolonialen Indienbildes in einem religionssoziologischen Gedankengang. München, Köln, London 1982

Schäfer-Lichtenberg, Christa: Stadt und Eidgenossenschaft im Alten Testament: eine Auseinandersetzung mit Max Webers Studie «Das antike Judentum». Berlin, New York 1983

Schluchter, Wolfgang: Die Entwicklung des okzidentalen Rationalismus. Eine Analyse von Max Webers Gesellschaftsgeschichte. Tübingen 1979

Rationalismus der Weltbeherrschung. Studien zu Max Weber. Frankfurt 1980

(Hg.) Max Webers Studie über das antike Judentum. Interpretation und Kritik. Frankfurt 1981

(Hg.) Max Webers Studie über Konfuzianismus und Taoismus. Interpretation und Kritik. Frankfurt 1983

(Hg.) Max Webers Studie über Hinduismus und Buddhismus. Interpretation und Kritik. Frankfurt 1984

Seyfarth, Constans: Alltag und Charisma bei Max Weber. Eine Studie zur Grundlegung der «verstehenden» Soziologie. In: R. Grathoff u. W. M. Sprondel (Hg.): Alfred Schütz und die Idee des Alltags in den Sozialwissenschaften. Stuttgart 1979, S. 155ff

– u. W. M. Sprondel (Hg.): Max Weber und die Rationalisierung sozialen Handelns. Stuttgart 1981

Speer, H.: Herrschaft und Legitimität. Zeitgebundene Aspekte in Max Webers Herrschaftssoziologie. Berlin 1978

Sprondel, Walter M. und C. Seyfarth (Hg.): Max Weber und die Dynamik der gesellschaftlichen Rationalisierung. Stuttgart 1981

Uchida, Y.: Max Weber in den japanischen Sozialwissenschaften, 1905–1978. Eingel. u. aus d. Japanischen übertr. v. K. Kracht. In: Bochumer Jahrb. zur Ostasienforschung 4 (1981)

Weiss, Johannes: Max Weber: Die Entzauberung der Welt. In: Grundprobleme der großen Philosophen, hg. v. J. Speck. Philosophie der Gegenwart IV. Göttingen 1981, S. 9–47

Zander, Jürgen: Das Problem der Beziehung Max Webers zu Karl Marx. Frankfurt 1978

Zingerle, Arnold: Max Webers historische Soziologie. Aspekte und Materialien zur Wirkungsgeschichte. Darmstadt 1981

Von Geld ist die Rede, von wem noch?

Dreißig Jahre alt war der Mann . . .

… als er sein Hauptwerk abgeschlossen hatte und zum Urlaub nach Italien aufbrach. Das Buch wurde zunächst ein katastrophaler Mißerfolg. Finanziell konnte der Mann das verkraften: Er besaß ererbtes Vermögen von mehr als 22000 Talern, das ihm jährlich 1530 Taler Zinsen brachte.

Nun aber traf ihn, in Mailand, eine weitere Hiobsbotschaft: Das Handels- und Bankhaus in Danzig, dem er einen großen Teil seines Vermögens anvertraut hatte, war zusammengebrochen. Ein Vergleich sah eine Abfindung von 30 Prozent vor, was der Mann strikt ablehnte. Jahrelang kämpfte er um Auszahlung der vollen Summe, denn er wollte beweisen, «daß man wohl ein Philosoph sein kann, ohne deshalb ein Narr zu sein».

Während dieser unsicheren Jahre nahm er, der sich nie hatte binden wollen, eine Dozentur an der Berliner Universität an. Der Erfolg war so katastrophal wie der seines Buches.

Er schrieb noch weitere Werke, von denen er einige wie saures Bier anbieten mußte, um einen Verleger zu finden. Nicht einmal bei Verzicht aufs Autorenhonorar wollten die Verleger an die Werke heran.

Dennoch litt der Mann nie Not. Dank einer bescheidenen Lebensweise (gutes Essen und elegante Kleidung waren seine einzigen teuren Neigungen) und dank kluger Kapitalanlage konnte er sein Vermögen verdoppeln.

In seinem Testament bestimmte er, der nie geheiratet hatte, daß für seine langjährige Haushälterin festverzinsliche Wertpapiere angelegt werden sollten, woraus sie eine Lebensrente von 315 Talern pro Jahr beziehen konnte. Von wem war die Rede?

(Alphabetische Lösung: 19-3-8-15-16-5-14-8-1-21-5-18)

Namenregister

Die kursiv gesetzten Zahlen bezeichnen die Abbildungen

Danksagung

Den Heidelberger Kollegen, die an der Max Weber-Gesamtausgabe arbeiten, dankt der Verfasser für wertvolle Hinweise, der Arbeitsstelle (Max Weber-Gesamtausgabe) der Bayerischen Akademie der Wissenschaften in München wie dem Bundesarchiv Koblenz für freundliches Entgegenkommen. Vor allem dankt er Frau Dr. med. Katharina Schaefer für guten Rat und sorgfältiges Korrektur-Lesen; ihr ist dieses Büchlein gewidmet.

Über den Autor

Hans Norbert Fügen, 1925 in Mainz geboren, studierte Soziologie, Germanistik und Philosophie an der Johannes-Gutenberg-Universität in Mainz. 1964 promovierte er mit einer Arbeit über «Die Hauptrichtungen der Literatursoziologie» (6. Auflage 1974), die der Diskussion zur literatursoziologischen Theorie neue Impulse gab. 1972 Habilitation und Berufung zum Professor für Soziologie in Heidelberg. Schwerpunkt der Lehre: Literatursoziologie, Sozialisation und Familie, Ideologienlehre, Übergangsprobleme vom Feudalismus zum Kapitalismus, Geschichte der Soziologie. Buchpublikationen: Wege der Literatursoziologie (2. Aufl. 1972); Dichtung in der bürgerlichen Gesellschaft, 1972; Vergleichende Literaturwissenschaft, 1973. Seit 1982 entpflichtet, lebt Hans Norbert Fügen jetzt als wissenschaftlicher Autor in München.

Quellennachweis der Abbildungen

Leif Geiges, Stauffen: 6, 8, 10, 11, 15, 16, 17, 19, 20, 22, 25, 29, 30, 31, 35, 37, 49, 50, 56, 58, 59, 60, 64, 65, 67, 68, 70, 72, 73, 76, 77, 91, 92, 97, 100, 101, 104, 105, 108, 109, 110, 113, 115, 116, 119, 120, 121, 122
Hans Norbert Fügen: 83
Archiv Preußischer Kulturbesitz, Berlin: 42
Archiv für Kunst und Geschichte, Berlin: 19 oben
Friedrich Hartau, Hamburg: 106
John M. Spalek, Albany, USA: 103
Maria Popper, London: 102 rechts
Karola Bloch, Tübingen: 102
Ullstein-Bilderdienst, Berlin: 36, 89, 95, 96
dpa: 46, 117

P 2057/5

P 2056/5

P 2054/4

Geschichte griffbereit

Grundkurs und Nachschlagewerk für Studenten, Praktiker, Geschichtsinteressierte zum Verstehen und Behalten welthistorischer Prozesse.
Von Imanuel Geiss.

1 Daten
der Weltgeschichte
Die chronologische Dimension der Geschichte
(6235)

2 Personen
der Weltgeschichte
Die biographische Dimension der Geschichte
(6236)

3 Schauplätze
Die geographische Dimension der Weltgeschichte
(6237)

4 Begriffe
Die sachsystematische Dimension der Weltgeschichte
(6238)

5 Staaten
Die nationale Dimension der Weltgeschichte
(6239)

6 Epochen
der Weltgeschichte
Die universale Dimension der Geschichte
(6240)

handbuch rororo

957/1